시사 영작을 하는 10가지 공식

How to Write Concisely

이 책은 한국언론진흥재단 저술 지원으로 출판되었습니다.

시사영작을 하는 10가지 공식

How to Write Concisely

이창섭 지음

한나래플러스

시사 영작을 하는 10가지 공식
How to Write Concisely

지은이 | 이창섭
펴낸이 | 한기철
편집 | 이여진, 이은혜, 한나래
마케팅 | 조광재

콘텐츠 디자인 | 안성진

2013년 4월 30일 1판 1쇄 펴냄
2015년 5월 20일 1판 3쇄 펴냄

펴낸곳 | 한나래출판사
등록 | 1991. 2. 25 제22–80호
주소 | 서울시 마포구 합정동 월드컵로3길 39, 2층 (합정동)
전화 | 02–738–5637 · 팩스 | 02–363–5637 · e–mail | hannarae91@naver.com
www.hannarae.net

ⓒ 2013 이창섭
Published by Hannarae Publishing Co.
Printed in Seoul

ISBN 978–89–5566–144–6 13740

* 이 도서의 국립중앙도서관 출판시도서목록(CIP)은 e–CIP홈페이지(http://www.nl.go.kr/ecip)와 국가자료공동목록시스템(http://www.nl.go.kr/kolisnet)에서 이용하실 수 있습니다.
(CIP제어번호: CIP2013001528)

* 이 책의 출판권은 저자와의 저작권 계약에 의해 한나래출판사가 가지고 있습니다. 저작권법에 의해 보호를 받는 저작물이므로 어떤 형태나 어떤 방법으로도 무단 전재와 무단 복제를 금합니다.

차례

Preface 9

한국어와 영어의 차이점 15
한국어와 영어의 10가지 차이점 | A~Z로 본 영작의 규칙

불필요한 단어와 숙어 제거 29
불필요한 단어를 제거한다 | 구를 한 단어로 바꾼다 | 전치사구를 전치사로 바꾼다 | 동사구를 동사로 바꾼다 | be 동사를 행동 지향적인(action-oriented) 동사로 바꾼다 | 긴 단어를 짧은 단어로 바꾼다 | to + present, provide, show, take 등을 한 단어로 표현한다 | 진부한 표현을 한 단어로 표현한다 | 숙어를 한 단어로 표현한다 | 아무 의미가 없는 어색한 표현을 제거한다

간결한 표현 연습(Drills for Concise English) 75
Concise English (A~Z)

영작에 필요한 상식 113
지시 대명사를 명확하게 사용한다 | to 부정사 사이에는 부사를 넣지 않는 것이 원칙이다 | other, both, new는 불필요할 때가 많다 | see의 남용에 주의한다 | couple은 단수인가 복수인가 | 동의어 반복이란 | 성차별적인 표현을 자제한다 | 장애인을 배려하는 표현을 사용한다 | FANBOYS(for, and, nor, but, or, yet, so) 앞에 문장이 있을 경우 콤마(,)를 사용한다 | 영어 단어도 좋은 단어와 나쁜 단어가 있다

초·중급자에 필요한 writing tool 127

문장은 주어와 동사로 시작한다 | 동사만 잘 선택하면 문장 구성이 절반은 된 것이다 | 짧은 단어, 짧은 문장을 사용한다 | 사용한 단어가 꼭 필요한지 확인한다 | 진행형 문장을 사용할 때 주의한다 | 구체적이어야 한다 | 형용사 사용을 최대한 자제한다 | 부사 사용을 자제한다 | 누구에게 쓰는 것인지를 확실히 해야 한다 | 수동태 사용을 원칙적으로 자제한다

상급자에 필요한 10가지 writing tools 141

Language / Word Choice — 정확한 단어를 사용한다 | 한 문장에 한 아이디어를 제시한다 | 한 paragraph에서는 한 가지 주제에 대한 문장을 2~3개 쓴다 | 명사는 무조건 동사로 고치면 좋다 | Modifiers(수식어, 한정어) 사용 방법을 숙지한다 | 부정적인 단어 사용을 자제한다 | 출처를 명확히 해야 신뢰도가 높아진다 | 문장 서두에 It 또는 There + be 동사로 시작하는 허사 사용을 자제한다 | 객관성, 공정성, 정확성은 문장 작성의 핵심이다 | 명료성은 모든 문장 작성의 종착역이다

긴 문장을 짧은 문장으로 바꾸기 161

문장의 50%를 줄여도 메시지 전달이 가능하다 | 단락을 잇는 연결어(transitional word)를 잘 선택함으로써 긴 문장을 짧은 문장으로 나눌 수 있다 | Run-on Sentence를 이해하면 짧은 문장이 가능하다 | Sentence Fragments를 이해하면 짧은 문장이 가능하다 | 개념 명사(concept noun) 사용을 자제함으로써 문장을 줄일 수 있다 | 명사를 동사로 바꾸면 문장이 짧아진다 | Logic(논리)이 있어야 문장이 짧아진다 | 문장의 4가지 유형을 알면 문장 길이를 조절하기 쉽다 | 병행론(parallelism)을 이해하면 짧은 문장이 가능하다 | Punctuation을 올바르게 이해하면 짧은 문장이 가능하다

문장의 조립과 분해　183

한 문장을 2~3문장으로 나누는 훈련을 한다 | 한국어에는 필요하나 영어에서는 불필요한 표현을 제거한다 | 긴 한 문장을 짧은 한 문장으로 만들어 내용의 명확성과 이해를 높인다 | 생각이 복잡할수록 문장이 길어진다 | 추상적인 표현을 구체적인 표현으로 바꾸면 문장이 짧아진다 | 명백한 사실을 제거함으로써 문장을 짧게 할 수 있다 | 독자가 1,000단어로 된 지문을 읽고 기억하는 keyword는 3~5개 정도이다 | 의심이 드는 표현은 삭제한다 | Writing은 메시지를 명확하게 전달하는 것이다 | cliché, repetition, redundancy를 제거하면 메시지를 더 쉽게 전달할 수 있다

Rewriting을 위한 10가지 checklist　207

Rewriting 순서는 문법, 적합한 단어의 사용, 문장의 구조이다 | Spell checking, 문장의 시제, punctuation 등 문법적 오류를 확인한다 | 최대한 단어를 줄인다 | 통계·숫자 등의 사실 관계, 출처 등을 확인한다 | 표절 여부를 확인한다 | 여러 번 읽어야 이해할 수 있는 문장이 있는지 확인한다 | 문장의 흐름과 리듬을 확인한다 | 빠진 내용이나 불필요한 내용이 있는지 확인한다 | 논리(logic)의 전개가 객관적인지 확인한다 | www.grammarly.com에서 최종적으로 문법을 확인한다

이메일 작성 10가지 공식　245

Five-Paragraph Formula란

Epilogue　253

부록　영문을 간결하게 쓰기 위한 방법　255 | 영어 표현　260 | 영작에 도움이 되는 웹사이트와 서적　298

> 영작은 마치 조각을 하듯 불필요한 부분을 제거하고, 깎고, 다듬는 일이다. 목수가 나무를 깎고 다듬는 것과도 같다. 영작은 또 색을 입히고, 덧칠을 하는 미술과는 정반대의 작업이다. 결론적으로 영작이란 로댕의 〈생각하는 사람〉이 주는 이미지처럼 깊은 고뇌 끝에 나오는 것이다. 영작의 메시지가 간단하다고 해서 생각이 단순한 것은 결코 아니다. 복잡한 내용을 가장 쉬운 단어로 가장 간결하게 전달하는 것이다.

Preface

미국 예일 대학교 입학생들이 쓴 에세이 가운데 화제가 된 글은?

최근 예일 대학교(Yale University) 입학을 위해 David Roosth라는 고교생이 쓴 에세이(essay)가 79단어만을 사용해 입학사정관 사이에서 화제가 되었다. 시험은 800단어 미만으로 주제를 자유롭게 선택해 쓰는 것이었는데, 이 학생은 과감하게도(?) 79단어만으로 자신이 하고 싶은 말을 다한 것이다. 이것이 바로 'Writing Concisely'의 정수라고 할 수 있다. 대부분의 학생이 800단어에 맞추어 썼는데, David는 79단어만으로

(1) 자신이 예일 대학교를 방문하여,
(2) 재학생과의 대화를 통해 예일 대학교의 가장 중요한 문제점을 파악하여,
(3) 이 문제점을 주제로 에세이를 쓰고,
(4) 이 문제점을 자신의 시각으로 해석하여 논리적이고, 긍정적으로 결론을 냈다는 점이다.

에세이의 골격인 Introduction ▶ Main body ▶ Conclusion을 간결한 문장으로 메시지를 논리적으로 제시해서 예일 대학교의 입학사정관들을 감동시켰다. David는 대학교를 방문하고, 학교의 단점을 장점으로 해석함으로써 예일 대학교에 입학하려는 열망을 강렬하게 나타냈다.

다음은 David의 에세이다.

Upon a recent Yale visit, I conversed with a Yale senior in the admissions office about his experiences. He had only two complaints about the university; there were too many student protesters, and the university sands the roads instead of salting them in the winter. I love that Yale is a place where the students are motivated to change the world, and the faculty encourages them to act. Sanding saves the environment. What annoyed this Yale student impressed me. (79 words).

최근에 나는 예일 대학교를 방문해 입학사정관실에서 4학년 학생과 대화하면서 그의 학교 경험에 대해 들었다. 그는 대학에 오직 두 가지 불만이 있다고 했다. 시위 학생이 너무 많다는 것과 겨울에 (빙판) 도로에 소금 대신 모래를 뿌린다는 것이라고 했다. 나는 예일 대학교가 학생들에게는 세계를 변화시키고자 하는 동기를 갖게 하고 교수들은 그들이 행동하도록 격려하는 곳이라는 점이 마음에 든다. 모래를 뿌리는 것은 환경을 보호한다. 그 예일대 4학년생을 짜증나게 한 것이 내게는 인상적이었다.

Source: Fiske Real College Essays that Work

이 예시문은 essay writing을 준비하는 사람들에게 많은 시사점을 준다. 간결한 문장, 간결한 논리, 간결한 메시지가 긴 문장, 긴 논리, 긴 메시지보다 훨씬 설득력이 있다는 점이다. 이러한 내용을 전하기 위해 《시사 영작을 하는 10가지 공식》을 쓰게 되었다.

Writing Concisely란

영작은 가장 짧고, 간결하고, 단순한 단어와 문장을 사용할 때만 전하려는 메시지를 효과적으로 전달할 수 있다. 예일 대학교 입학사정관 사이에서 화제가 된 David의 에세이를 보면 긴 설명이 필요 없다. 많은 사람들은 문장이 길고, 한 문장에 여러 아이디어를 제시해야 글을 잘 쓰는 것으로 오해하고 있다.

짧고 단순하게 글을 썼다고 해서 사고가 단순하다는 생각을 하면 안 된다. 짧고, 단순한 문장은 복잡한 생각을 논리적으로 정리할 수 있을 때에만 가능하다. 쉬운 주제를 복잡하게 이야기하는 사람과 복잡한 주제를 쉽게 이야기하는 사람을 접할 때가 있을 것이다. 후자가 훨씬 지적 수준이 높다는 것을 알 수 있다. 글쓰기도 이와 마찬가지다.

이 책의 목표는 Fat-Free Writing이다

과체중을 감량하는 것은 현대인의 과제이다. 건강을 위해, 아름다움을 유지하기 위해, 남녀노소 할 것 없이 다이어트(diet)와 운동에 몰두하고 있다. 체중을 감량한 대부분의 사람들은 신체적 건강뿐 아니라 정신적 자신감도 가지게 된다. writing도 다이어트를 하는 것 같이 과체중(overweight) 문장을 지방이 없는 (fat-free) 문장으로 작성하는 게 가장 큰 목표이다. 이 책은 영작하는 방법 중 가장 간결한 영어(writing tightly, writing concisely)로 쓰는 방법을 제시한다.

writing은 그림 그리는 것이 아니라, 조각하는 것과 같다고 흔히 말한다. 그림을 그릴 경우 좀 더 선을 더 넣고, 색깔은 다양하게, 덧칠을 하면 잘 그릴 수 있다. 그러나 writing을 할 때 표현이 장황할수록 메시지가 불분명해진다. writing은 큰 돌을 깎고, 다듬고, 줄여서 좋은 조각 작품을 만드는 것처럼 문장을 줄이고, 다듬는 작업이라 할 수 있다.

writing은 HSBC로 요약된다. Human(사람 중심의 이야기), Simple(단순하고), Brief(짧고), Concise(간결한)함이 핵심이다. 즉 precise, concise, and simple한 단어와 문장으로 메시지를 정확하고 효과적으로 전하는 것이다. 이 약자를 따서 PCS 방식이라고도 할 수 있다.

왜 시사 영작이 중요한가

writing은 크게 우리 주변의 이야기를 소재로 한 시사 영작(writing on current affairs)과 학문적인 글쓰기(academic writing)로 나누어 볼 수 있다. 이 책에서는 학문적인 글쓰기는 배제하고 시사 영작에 관해 집중적으로 다룬다. 이 책에서 소개한 모든 내용은 우리 주변의 이야기가 소재인 시사 영작으로 접근하기 때문에 우리의 현실을 그대로 담고 있다.

시사 영작 기법을 배우면

(1) 이메일이나 에세이를 효과적으로 쓸 수 있으며,

(2) 쓰기 능력이 배양되는 동시에 영자신문과 같은 수준 있는 글감(text)에 대한 독해 능력이 저절로 향상되고,

(3) 영어 공인 인증 시험인 TOEIC, TOEFL, TEPS, NEAT 등에서 사용하는 10,000 단어를 습득해 자유자재로 구사하는 능력을 키우며,

(4) 우리 주변의 이야기를 영어로 표현할 수 있는 놀라운 효과를 기대할 수 있다.

Writing과 Composition의 차이는

이 책은 composition을 위한 것이 아니고, writing을 위한 것이다. 한국어의 핵심 단어(keyword)를 이해하고 영어로 사고하고, 영어로 쓰는 접근 방식이다.

writing과 composition의 차이점을 알면 영작에 대한 이해가 쉬워진다. 한국어로 작문이라고 하면 composition이나 writing을 동의어로 생각할 수 있다. 그러나 composition과 writing에는 차이가 있다. composition은 com과 position의 합성어이다. 어근(root)인 com의 의미는 together이다. position은 '놓다, 두다'라는 뜻을 가진다. 단어를 positioning 하는 것, 다시 말하면 부품을 조립하는 것과 같이 기계적인 작문을 의미한다.

그러나 writing은 우리가 생각하는 것을 자연스럽지만 원칙을 갖고 쓰는 것이다. 영작은 한국어와 영어를 '일대일 대응'식으로 맞추려는 방식이 아닌 창조적인 글쓰기 방식이다.

정확히 글자 그대로(word for word) 하는 번역은 사실상 무의미한 접근이라는 것을 composition과 writing의 차이를 알면 쉽게 이해할 수 있다. writing이 composition보다 상위 개념이라 할 수 있다.

일석 오조의 효과

이 책을 여러 번 숙독하면 일석 오조의 효과가 있다. 첫째, fat-free writing(무지방 영작)을 할 수 있게 되고, 둘째, 일상 생활에 필요한 시사 영어 어휘 10,000 단어를 자연스럽게 사용할 수 있고, 셋째, 영자신문을 자연스럽고 빠르게 읽을 수 있게 되고, 넷째, 정부에서 추진 중인 국가영어능력평가시험(NEAT, National English Ability Test)과 영어 공인 인증 시험인 TOEIC, TOEFL, TEPS 등에서 고득점을 얻는 데 도움이 되고, 마지막으로 writing에서 생길 수 있는 시행착오를 줄일 수 있다.

이 책의 특징

1. 한국어 예문을 주고 기계적으로 영어로 번역하는 것이 아니라, 영어 문장을 제시하고, 한국어 번역으로 참고하는 방식을 채택했다. 이는 한국 영작문 교재 중 최초의 시도이다.
2. 학습자가 writing을 쉽게 이해하도록 공식과 예시문을 제시했다.
3. 난이도를 단계별로 조정하여 고교생부터 대학생, 일반인 모두 활용할 수 있도록 했다.
4. 한국어와 영어의 차이점을 제시함으로써 word for word의 직역 문제점을 이해하도록 했다.
5. 모든 예시문을 번역해 사전 없이 효과적으로 학습할 수 있도록 구성했다.
6. 2010년부터 2013년까지 있었던 한국 사회 현상을 예시문으로 제시해 학습자가 보다 쉽게 접근할 수 있다.
7. 각 장마다 관련 연습 문제를 구성해 학습 효과를 높였다.
8. 공인 시험인 NEAT, TOEIC, TOEFL에 100% 나오는 10,000 단어 범위로 한정하여 학습자가 수험 준비에 효과적으로 대비할 수 있도록 했다.
9. 이메일, 에세이, 칼럼 쓰는 방법을 제시했다.
10. 책 표지의 QR Code에는 간결하게 쓸 수 있는 단어, 어휘, 영자신문과 공인 인증 시험에 나오는 영어 단어집을 수록했다.

이 책의 표기법

- 이 책에서는 나쁜 영작(wordy)에 대한 예문을 표기하고 해당 예문에 대한 좋은 영작(better)은 ▶로 표기하였다. 바로 뒤에는 해설을 달아 독자들이 이해할 수 있도록 하였다.

> Incheon International Airport is referred to as the gateway to Korea.
> ▶ Incheon International Airport is called the gateway to Korea.
> 인천국제공항은 한국의 관문이라고 불린다.

- 제시한 예문에 괄호 표시가 있는 부분은 그 어휘가 불필요하므로 삭제하는 것이 좋다는 뜻이다.

> There's an (old) adage that says "laughter is the best medicine."
> '웃음은 만병통치약'이라는 (오래된) 격언이 있다.

- 예문에 나와 있는 괄호 안의 어휘에서 ▶로 바뀐 어휘가 좋은 영작(good writing)이라는 뜻이다.

> (Economic activity ▶ The economy) has been subduing in recent months, with exports, the main growth engine for the country, faltering under the worsening global downturn.
> 국가의 성장 엔진인 수출이 세계적인 경기 침체로 불안정한 가운데 (경제 활동이 ▶ 경제가) 최근 몇 달 사이에 위축되고 있다.

chapter 1

한국어와 영어의 차이점

한국어와 영어의 차이점 10가지

① 한국어와 영어의 어순은 완전히 반대이다.
② 한국어 문법은 경어법, 존칭어(honorifics)가 주가 된다.
③ 한국어의 동사는 주어와 관계없이 변하지 않으나, 영어의 동사는 주어에 따라 변한다.
④ 한국어에는 현재완료, 과거완료, 현재완료 진행형, 과거완료 진행형이 없다. 그러나 영어에는 모두 존재한다.
⑤ 한국어에는 부정관사(a, an)나 정관사(the) 등 관사의 쓰임이 약하다. 영어에서는 반드시 사용한다.
⑥ 한국어는 문장이 동사만으로 표현될 때가 많으나 영어는 주어나 목적어가 대부분 사용된다.
⑦ 한국어는 은유적이며 추상적 표현이 많다. 영어는 실용적이며 구체적인 표현이 많다.
⑧ 한국어는 행동의 주체가 모호한 수동태가 많다.
⑨ 한국어가 영어보다 형용사, 부사가 많다.
⑩ 콩글리시를 영어 번역에 사용하면 원어민이 이해하지 못한다.

한국어와 영어의 차이점에 대해 숙지하는 것은 composition이 아닌 writing 과정으로 나아가는 데 있어서 매우 중요하다. 한국어와 영어의 차이점을 이해하지 못하면 기계적인 영작에 그치기 쉽다. 이 chapter에서는 이러한 차이점에 대해 구체적으로 알아보도록 한다.

1. 한국어와 영어의 어순은 완전히 반대이다. 한국어는 주어(Subject) — 목적어(Object) — 동사(Verb)순이고, 영어는 주어(S) — 동사(V) — 목적어(O)순이다.

> 한국어 ▶ 나는(S) 그녀를(O) 사랑한다(V).
> 영어 ▶ I (S) love (V) her (O).

2. 한국어 문법은 경어법, 존칭어(honorifics)가 주가 된다. 말하는 사람과 듣는 사람의 상하 관계에 따라 동사의 끝, 선택하는 명사, 형용사, 대명사가 모두 달라진다. 따라서 외국인은 한국어를 배울 때 경어법과 존칭어 때문에 곤혹스러워한다. 영어는 특별한 경우를 빼고 존칭어 사용이 무시된다.

3. 한국어의 동사는 주어와 관계없이 변하지 않으나, 영어의 동사는 주어에 따라 변한다.

> 한국어 ▶ 그는 걷고 있다. 나는 걷고 있다. 그들은 걷고 있다.
> 영어 ▶ He is walking. I am walking. They are walking. 등 주어에 따라 be 동사의 형태가 다 바뀐다. 그러나 한국어는 그는 걷고 있다, 나는 걷고 있다, 그들은 걷고 있다 등 주어 인칭에 따라 동사가 변하지 않는다.

4. 한국어에는 현재완료, 과거완료, 현재완료 진행형, 과거완료 진행형이 없다. 그러나 영어에는 모두 존재한다. 한국인들이 영작을 할 때 시제에서 많이 틀린다.

> 한국어 ▪▷ 그는 그녀를 사랑해 왔다. 그는 그녀를 사랑해 왔었다. 그는 그녀를 사랑해 오고 있다. 그는 그녀를 사랑해 오고 있었다.
> 영어 ▪▷ He has loved her. He had loved her. He has been loving her. He had been loving her. 등으로 표현한다.

5. 한국어에는 부정관사(a, an)나 정관사(the) 등 관사의 쓰임이 약하다. 영어에서는 반드시 사용한다. 그래서 한국인은 정관사(the) 사용 방법을 익히기가 어렵다.

> 한국어 ▪▷ 한 마리의 새(그 새)를 보았다.
> 영어 ▪▷ I saw a bird. 또는 I saw the bird.

6. 한국어는 문장이 동사만으로 표현될 때가 많으나 영어는 주어나 목적어가 대부분 사용된다.

> 한국어 ▪▷ 사랑해.
> 영어 ▪▷ Love you. 또는 I love you.

7. 한국어는 은유적이며 추상적 표현이 많다. 영어는 실용적이며 구체적인 표현이 많다.

> 한국어 ■▶ 나를 비행기 태우지 마라. (상대방이 과도한 칭찬을 할 때)
> 영어 ■▶ You are kidding! 또는 I'm flattered.

8. 한국어는 행동의 주체가 모호한 수동태가 많다. 따라서 한국인은 영작을 할 때 무의식 중에 수동태를 많이 쓴다.

> 한국어 ■▶ 주민들은 사전 경고를 받았다.
> composition ■▶ Residents were notified of precaution.
> writing ■▶ Police notified residents of precaution.

9. 한국어가 영어보다 형용사, 부사가 많다.

> 한국어 ■▶ 확성기에서 고음의 시끄러운 소리가 쾅쾅 울렸다.
> 직역하면 A loud and noisy blare came out of the loudspeaker.이나 blare의 영어 단어에는 loud와 noisy가 포함되어 있어 Blare came out of the loudspeaker.라고 쓴다. 또한 loudspeaker에 loud가 포함되어 있다.

10. 콩글리시를 영어 번역에 사용하면 원어민이 이해하지 못한다.

> 한국어 ➡ 그녀는 스포츠 댄스 강사이다.
> composition ➡ She is an instructor of sports dance.
> writing ➡ She is a ballroom dancing instructor.

한국인이 영어를 쉽게 배우지 못하는 것은 한국어와 영어의 구조나 발음 체계가 완전 다르다는 점이다. 영작을 잘하려면 우선 한국어를 잘해야 한다. 한국어의 뜻을 이해하지 못하고, 이것을 영어로 옮긴다는 것은 불가능하다.

한국인이 한국어를 다 잘한다고 생각하는 것은 오해다. 또한 미국인이 모두 영어를 잘 쓴다는 생각도 오해다. 미국인들의 문장을 보면 어떤 사람은 영어 문법의 기본도 모르고 문장을 쓰는 경우도 있다. 문법에 맞지 않는 문장은 전달하고자 하는 내용을 정확히 전하지 못하고 오해를 사게 된다. 외국어를 제대로 배우려면 뜻이 정확한 문장을 구사할 줄 알아야 한다. 그래서 미국 사람이 한국어를 잘하려면 영어를 잘해야 하고, 한국 사람이 영어 구사 능력을 높이려면 한국어를 잘 이해하여야 한다.

또한 한국어와 영어의 공통점과 차이점을 잘 이해해야 한다. 두 언어는 차이점이 있으므로 한국어를 영어로 직역할 때 많은 모순이 따른다. 한국인과 영미인의 문화나 사고방식의 차이점을 이해하면 쉽게 알 수 있다.

한국인이 영어를 배우는 게 어렵듯이 영미인들도 한국어를 배우는 게 어렵다. 이는 언어 구조의 상반성에 기인한다. 유럽인이 영어를 잘하는 이유는 영어가 유럽 언어에서 파생되어 진화했기 때문이다. 독자 중에는 영문을 읽을 줄도 모르는데 어떻게 영작까지 할 수 있느냐 하는 질문을 할 것이다. 물론 영작은 읽기, 듣기, 말하기에 이어 가장 어려운 단계로 알려져 있으나 사실은 그렇지 않다. 역으로 쓰기를 시도해 보면 거꾸로 읽기, 듣기, 말하기가 쉬워질 수도 있다. 영어를 수년간 하고도 자신이 없는 것은 쓰기에 자신이 없기 때문이다. 그러나 쓰기도 기본 공식과 원칙을 알면 가능하다. 글을 영어로 쓸 때는 생각 자체를 영어로 하면서 써야 영어다운 영어가 된다.

앞서 말한 한국어와 영어의 10가지 차이점 이외에도

1. 문화적 차이를 이해해야 좋은 영작을 할 수 있다. 한국인은 더운 음식을 먹고 시원하다고 한다. 시원하다를 cold로 번역하면 원어민은 이해하지 못한다.

> 한국어 ▶ 부대찌개가 시원하다.
> composition ▶ Army stew is (cold).
> writing ▶ Army stew is refreshing 또는 soothing.

2. 한국어를 글자 그대로(word for word) 영어로 번역할 경우 영어 문장에서 불필요한 중복(redundancy)이 많이 포함된다.

> 한국어 ▶ 그녀는 화장품을 온라인 쇼핑 사이트에서 직접 구매했다.
> composition ▶ She purchased cosmetics directly through online shopping sites.
> writing ▶ She purchased cosmetics online.
> 〉〉〉〉 composition에서는 purchase directly로 써야 하나 writing에서는 directly를 쓰지 않아도 직접 구매라는 의미를 포함한다.

3. 한국어 두 단어가 영어로는 한 단어일 경우가 많다.

한국어 ▶ 나는 선약이 있다.
composition ▶ I have an advance appointment.
writing ▶ I have an appointment.

4. 일반적으로 같은 뜻이라도 한국어가 영어보다 길다.

한국어 ▶ 오드리가(Audrey) 편지를(letter) 썼다(wrote).
영어 ▶ Audrey wrote a letter.
》》》 은/는, 이/가, 을/를 등 한국어의 조사가 영어에는 없다.

5. 한국어는 강세(accent)가 별로 없다. 그래서 한국인은 영어 발음을 단조롭게(monotonously) 강세 없이 하는 경우가 많다. 반면 외국인은 한국어를 쓸 때 한국어에 강세를 넣어 이상하게 들릴 때가 많다. 한국어와 영어의 차이점을 이해하면 보다 세련된 English writing을 할 수 있다.

A~Z로 본 영작의 규칙(English writing rules A~Z)

(1) **A**ctive words: 활동적인 능동태의 단어, 문장, 명사를 사용한다.

(2) **B**ad words: 영작에 나쁜 단어는 라틴어에 어근을 둔 단어나 개념 단어이다. 예를 들면 implementation(실행), orientation(방향), dedication(헌신) 등 -tion으로 끝나는 개념 명사(concept noun)이다.

(3) **C**liché and colloquial: 진부한 표현이나 구어체 단어 사용을 자제한다.

(4) **D**ynamic, fresh: 영작은 동적이고 신선한 표현이 좋다.

(5) **E**fficiency: 영작을 할 경우 한 문장에 한 아이디어를 쓴다. 즉 내용의 전개가 가계도, 즉 할아버지, 아버지, 아들, 손자같이 연관성이 있어야 한다.

(6) **F**unny and enjoyable: 재미있고 즐거워야 한다. 흥미성은 좋은 writing의 윤활제와 같다.

(7) **G**ood words: 좋은 단어는 행동 지향적(action-oriented)이고 앵글로-색슨족의 어근에 근거한 단어이다. 예를 들면 걷다(walk), 달리다(run), 행진하다(march), 냄새 맡다(smell), 느끼다(feel), 보다(see), 관전하다(watch) 등은 행동 지향적이고 단순한 단어이다.

(8) **H**edging words and qualifiers: 얼버무리는 단어, 수식적인 단어는 피해야 한다. 예를 들면 maybe, possibly, probably, kind of, perhaps, may be, sort of 등이다.

(9) **I**nformation-oriented: 내용은 짧은 문장에 많은 정보를 포함해야 한다. 영작을 할 때 기본 사항은 무슨 정보를 포함할 것이냐가 중요하다. 한국인과 같은 비영어권 화자는 직역에 집중하다 실제 전하려는 정보를 전달하지 못하는 경우가 많다.

(10) **J**ourney: writing은 여행과 같다. 여행은 독자와 함께 같은 목적지를 향해 재미있게 같이 가야 한다.

(11) **K**onglish: 한국인은 원어민이 이해하지 못하는 콩글리시를 사용한다는 것을 모를 때가 있다. 예를 들면 불법 주행으로 경찰 딱지를 받을 경우 sticker

를 받았다고 하나 실제는 ticket을 받았다고 해야 맞다.

(12) **L**ife and listen: 인생에 관한 이야기, 독자가 듣거나 보듯이 작성한다.

(13) **M**oving and mood: 동적이고, 분위기에 맞는 용어를 선정한다.

(14) **N**arrative: 이야기하듯 쓴다.

(15) **O**rganic: 살아 움직이듯 자연스럽고, 유기적으로 문장을 작성한다.

(16) **P**ejorative words: 저급한 비아냥조 단어의 사용을 자제한다.

(17) **Q**uotation: 인용은 내용의 객관성과 설득력을 높인다.

(18) **R**hythmic and dancing: 문장은 리듬이 있고, 율동적이어야 한다.

(19) **S**torytelling and stylish: 이야기하듯 쓴다. 스타일이 있어야 한다. 문장의 절반을 줄이는 것을 즐겨라. 그래도 의미 전달에는 아무 문제가 없다.

(20) **T**echnical jargon: 전문적 용어는 학술 지면이 아니면 쓰지 마라.

(21) **U**nnecessary adverbs or adjectives: 불필요한 형용사나 부사 사용에 주의한다. 아래와 같이 줄인다.

wordy ▶▶	better	뜻
irreducible minimum	minimum	최소한
end result	result	결과
blare loudly	blare	큰소리 내다
clench teeth tightly	clench teeth	이를 꽉 물다
effortlessly easy	easy	쉬운
slightly spartan	spartan	용맹스럽다
totally flabbergasted	flabbergasted	기절초풍한

(22) **V**isualize: 행동적인 단어를 쓰면 독자가 문장을 연상할 수 있다. 뇌에서 느끼기 전에 눈에 띄는 단어를 써라.

(23) **W**ordy and weedy: 지루한 단어와 잡초 같은 표현을 자제한다.

(24) **X**-ray: 뜻이 X-ray를 통해 보는 것처럼 명확해야 한다.

(25) You: 영작은 writer 자신의 느낌을 창조적으로 쓰는 것이다.

(26) Zoom-in & zoom-out: 문장은 가까운 것을 강조하고, 때론 먼 곳을 조망하는 기법을 써라.

exercise

* 1~2 다음 예문은 한국어와 영어의 차이를 보여 준다. composition으로 된 부분을 writing으로 고쳐 보자. (빨간색은 힌트)

1. composition ▶ This building was originally built during the Joseon Kingdom.
이 건물은 원래 조선 시대에 지어졌다.

writing ▶ _____

2. composition ▶ We should learn a lesson from the past history.
우리는 과거의 역사에서 교훈을 얻어야 한다.

writing ▶ _____

* 3~4 다음 한국어 예문을 영어로 바꿔 보자.

3. 아버지께서 이번 주에 우리 집에 오신다.
   ▶ _____

4. 만나러 갈게.
   ▶ _____

* 5~8 다음 예문에는 콩글리시가 들어 있다. 알맞은 표현으로 고쳐 보자.

5. Could you pass me the remocon?
리모콘 좀 가져다 줄래?
   ▶ _____

한국어와 영어의 차이점 25

exercise

6. She is a talent.

그녀는 탤런트이다.

➡ _____

7. Healing books sell well.

힐링 서적들이 잘 팔린다.

➡ _____

8. College students are busy building specs for getting jobs these days.

요즘 대학생들은 취업을 위해 스펙(spec) 쌓기에 바쁘다.

➡ _____

* 9~10 다음 중 잘못된 표현을 찾아 바르게 고쳐 보자.

9. The past aggressors once more try to put salt on the scar.

과거 침략자들은 또다시 흉터에 소금을 뿌리려 한다.

➡ _____

10. Can you speak English?

당신은 영어를 할 수 있습니까?

➡ _____

answers

1. writing ▶ This building was built during the Joseon Kingdom.

»»» 원래(originally)라는 뜻의 부사는 한국어에 사용되더라도 영어 표현에서는 built라는 동사에 originally가 포함되어 있다. 한국에서는 부사와 동사를 사용해야 하지만 영어에서는 동사만을 사용해도 되는 경우가 많다.

2. writing ▶ We should learn a lesson from the (past) history.

»»» 과거의 역사를 번역할 때 past history가 아닌 history이다. history에 past가 포함되어 있다. 한국어에서 형용사와 명사가 결합된 표현이 영어에서는 명사 하나만으로도 충분한 경우가 많다.

3. ▶ My father will visit my home this week.

»»» 영어에는 아버지 등의 존칭어가 없고 그저 my father이다. 한국어는 존칭어와 경어법이 중요하지만 영어는 그렇지 않다. 한국어는 서열과 연공에 따른 경어법이 발달했지만 영어는 그렇지 않은 수평 관계의 언어이다. 언어에 문화와 사고방식이 나타난다.

4. ▶ I will meet you there.

»»» 만나러 갈게라는 한국어는 '내가'라는 주어가 없어도 이해할 수 있으나 영어는 반드시 I라는 주어를 사용한다는 점을 유념하자.

5. ▶ Could you pass me the remote control?

»»» 리모콘은 전형적인 콩글리시다. remote control이라고 해야지 remocon이라고 하면 원어민들은 이해하지 못한다.

6. ▶ She has talent.

»»» talent는 재능이 있는 표현이지 talent라고 사람을 지칭하지 않는다. 흔히 말하는 TV 탤런트는 콩글리시다.

answers

7. ■▶ Books devoted to healing sell well.

»»» 힐링(치유) 책을 word for word로 직역하면 healing books인데, 이는 원어민이 이해하기 힘들다. Books devoted to healing으로 하면 뜻이 더욱 명확하다. 한국인끼리 쓰는 콩글리시가 원어민이 이해할 수 있는지 항상 주의해야 한다.

8. ■▶ College students are busy acquiring credentials necessary for getting jobs these days.

»»» spec은 specifications로 취업에 필요한 자격증이나 자격증을 표시하는 콩글리시이다. 외국인은 spec이 무엇인지 이해하지 못한다.

9. ■▶ The past aggressors once more try to put salt on the wound.

»»» scar(흉터)에 소금을 뿌린다고 하면 어색한 느낌이 든다. the wound(상처)로 써야 한다.

10. ■▶ Do you speak English?

»»» can은 능력을 나타내는 표현이므로 can을 사용하게 되면 영어를 할 줄 아느냐는 비아냥 어조로 들릴 수가 있다. 따라서 기본적인 의문 형태인 동사 do를 사용하는 것이 정확하다.

chapter 2

불필요한 단어와 숙어 제거

불필요한 단어와 숙어 삭제 10가지 공식

① 불필요한 단어를 제거한다.
② 구를 한 단어로 바꾼다.
③ 전치사구를 전치사로 바꾼다.
④ 동사구를 동사로 바꾼다.
⑤ be 동사를 행동 지향적인(action-oriented) 동사로 바꾼다.
⑥ 긴 단어를 짧은 단어로 바꾼다.
⑦ to + present, provide, show, take 등을 한 단어로 표현한다.
⑧ 진부한 표현(cliché)을 한 단어로 표현한다.
⑨ 숙어를 한 단어로 표현한다.
⑩ 아무 의미가 없는 어색한 표현을 제거한다.

일단 문장을 쓰고, 불필요한 단어나 숙어가 있는지 점검하는 게 간결한 영작을 하는 첫 번째 지름길이다. 불필요한 단어집을 만들어 보자.

1. 불필요한 단어를 제거한다

(1) 불필요한 old, previous and past

There's (old) adage that says "laughter is the best medicine."
웃음이 만병통치약이라는 (오래된) 경구가 있다.
⟫⟫⟫ 원래 경구(adage)는 오래된(old) 것이니 old adage가 아닌 adage이다.

There is (old) saying, "The early bird catches the worm."
새벽에 일어나는 새가 벌레를 잡는다는 (오래된) 속담이 있다.
⟫⟫⟫ 속담(saying)은 오래된(old) 것이니 old saying이 아닌 saying이다.

Unless the driver has (previous) experience with a vehicle with power steering, he or she should exercise care while driving this car.
운전자가 파워 핸들이 장착된 차량 운전 (사전) 경험이 없으면 운전시 조심해야 한다.
⟫⟫⟫ 여기서 experience는 '이전에(previous)'라는 의미가 포함되므로, previous experience가 아닌 experience이다.

Japan's claim on Dokdo represents a distortion of the (past) history.

일본의 독도 영유권 주장은 (과거) 역사 왜곡이다.

〉〉〉〉 역사는 과거(past)를 의미하니 past history가 아닌 history이다.

(2) 불필요한 advance

The Gangnam District Office has issued (an advance notice ➡ a notice) to halt the operations of four capital firms.

강남구청이 4개 캐피탈 회사의 영업 정지를 위해 (사전 통보 ➡ 통보) 했다.

〉〉〉〉 여기서 경고장은 사전에 보내는 것이므로 an advance notice가 아닌 a notice이다.

Overseas trips require (advance) planning and (advance) preparation.

해외 여행은 (사전) 계획과 (사전) 준비가 필요하다.

〉〉〉〉 계획과 준비는 미리(advance) 하는 것이므로, advance를 뺀 planning과 preparation이다.

Classes in English, Chinese and Japanese are available, but (advance) reservation is needed.

영어, 중국어, 일본어 강좌가 개설되었으나, (사전) 예약이 필요하다.

〉〉〉〉 여기서 reservation은 사전에 하는 것이다. advance를 삭제해야 한다.

Kim Jung-un's regime could collapse without (advance) warning.

김정은 정권은 (사전) 경고 없이 붕괴될 수 있다.

》》》》 경고(warning)는 사전에 주어지는 것이므로 advance가 필요 없다.

(3) 불필요한 originally

The school was (originally) designed to be an alternative choice for Korean students.

그 학교는 한국 학생을 위한 대안으로 (원래) 설계되었다.

》》》》 design이나 construction은 원래 original이라는 뜻을 내포하고 있으니 삭제해야 한다.

(4) 불필요한 together, both

Foreigners are aggregating the Korean content (together).

외국인이 한국 콘텐츠를 (종합하여) 취합하고 있다.

》》》》 aggregating(취합)은 여러 가지를 합치는 것으로 together란 내용이 원래 내포되어 있다.

They produce their own pictorial sense from tearing, fitting and attaching (together) with bits of colorful "hanji".

그들은 화려한 색상의 한지 조각을 찢어 보고, 맞추어 보고, 그리고 (같이) 합쳐 보기도 한다.

»»» attaching이란 원래 여러 가지를 같이(together) 합치는 뜻을 내포하므로 together가 포함된 뜻이다.

Dealers of Kia Motors joined (together) to show their determination to achieve the goal of gaining a 35 percent domestic market share in 2013.

기아차 딜러들이 2013년 시장 점유율 목표 35%를 달성하기 위한 결의를 보이기 위해 (함께) 모였다.

»»» 함께 모이다(join)라는 단어에는 together의 의미가 포함되어 있다.

The high inflation is (both) a combination of internal and external factors.

고인플레는 내적, 외적 (두) 요인이 복합된 것이다.

combination은 두 가지를 합치는 것이므로 both를 사용할 필요가 없다.

Mexico should know that the FTA is (mutually) beneficial to both sides.

멕시코는 FTA가 양측에 (서로) 이득이 된다는 것을 알아야 한다.

»»» 양측(both sides)은 서로(mutually)가 내포되어 있다.

(5) 불필요한 back

refer, repay, return, revert 등의 단어는 back이 포함되어 있으므로 refer back, repay back, return back, revert back 등으로 표현하지 않는다. 즉 영어 어원(etymology)에서 어근(root)인 re는 다시(back)라는 의미를 내포하고 있다.

> This visit to a rural village gave me the opportunity to think about multicultural societies that I had forgotten since my return (back) to Korea.
> 이번 시골 방문은 내가 한국으로 (돌아온) 귀국 이후 잊어버렸던 다문화 사회에 대한 생각을 할 기회를 주었다.

(6) 불필요한 activity, basis, capability, problem, character, extent, pattern, field, operation

> (Economic activity ■▶ The economy) has been subduing in recent months, with exports, the main growth engine for the country, faltering under the worsening global downturn.
> 국가의 성장 엔진인 수출이 세계적인 경기 침체로 불안정한 가운데 (경제 활동이 ■▶ 경제가) 최근 몇 달 사이에 위축되고 있다.

Prizes are awarded (on a per team basis ➡ to a team) and the team leader may select who will be the recipient of the prizes.

상은 (팀을 기반으로 ➡ 팀에게) 주어지고, 팀 주장은 누가 수상자가 될지 정할 수 있다.

China has (intercontinental ballistic missile (ICBM) capability ➡ intercontinental ballistic missiles).

➡ 중국은 (국제탄도미사일(ICBM) 능력을 ➡ 국제탄도미사일을) 보유하고 있다.

The global economy is worsened by (the debt problems ➡ the heavy debt) in the eurozone.

세계 경제가 유로존의 (부채 문제로 ➡ 많은 부채로) 나빠졌다.

She has an outgoing character with a trademark laugh that one can't help finding infectious.

그녀의 트레이드마크인 웃음은 다른 사람도 웃을 수밖에 없을 정도로 그녀는 외향적인 성격을 가지고 있다.

➡ She is outgoing with an infectious laugh.

그녀는 다른 사람도 웃을 수밖에 없을 정도로 외향적이다.

The extent of chaos was apparent beyond imagination.
혼란의 정도는 상상 이상으로 확연했다.
▶ Chaos was apparent beyond imagination.
혼란은 상상 이상으로 확연했다.

At times, it can wreak havoc on a person's behavior (pattern) long before it is detected.
때로 그것은 사람의 행동(패턴)을 다른 사람들이 인지하기 전에 망가뜨릴 수 있다.

The Swiss-educated leader has stressed Korea's need to catch up with the world in (the field of) science and technology.
스위스에서 교육받은 그 지도자는 한국이 과학과 기술(분야)에서 세계를 따라잡을 필요성을 역설했다.

Prosecutors brought charges against Park and four government officials for their alleged involvement in the illegal (surveillance operations ▶ surveillance).
검사들은 박 씨와 4명의 공무원이 (사찰 작전 ▶ 사찰)에 가담했다는 혐의로 기소했다.

We should promote sports (participation) at schools and try to nurture more athletes.
우리는 학교에서 스포츠(참여)를 증진시키고, 보다 많은 운동선수를 육성해야 한다.

(7) 불필요한 active, actively, actual, actually, basic, basically, mutual, mutually, real, really, relatively, total, totally, whole, wholly
이런 단어는 구어체에서나 사용한다. 문장에서는 이 단어들을 사용하지 않아도 뜻을 전하는 데 큰 문제가 없다.

The (basic) procedures governing this system were laid down 221 years ago.
이 제도에 대한 (기본) 절차는 221년 전에 만들어졌다.

The nominee said he would maintain the (basic) principles of his predecessor's policy, but he would be flexible in some areas, if necessary.
그 지명자는 전임자의 정책의 (기본) 원칙을 고수할 것이지만, 필요 시 일부 분야에서는 유연하게 대처할 것이라고 말했다.
》》》》 원칙은 기본적인(basic) 것으로 principle은 basic이라는 뜻이 포함돼 있다.

(Actual) marital status matters for naturalization

(실제) 결혼 상태가 귀화 여부에 중요하다.

The legendary sea monster (actually) existed.

전설적인 바다의 괴물이 (실제) 존재했다.

Apple's (real) target is Google.

애플의 (실제) 목표는 구글이다.

Americans' feelings are (wholly) different from Koreans'.

미국인의 느낌은 한국인과 (완전히) 다르다.

(8) 불필요한 baseless (groundless, unfounded) rumor

The government will take stern measures against people who spread (groundless) rumors about the sunken frigate Cheonan through Internet portals and other media.

정부는 천안함 침몰에 대한 (근거 없는) 루머를 인터넷 포털이나 기타 매체를 통해 퍼트리는 자에 대해 강력히 대응할 것이다.

〉〉〉〉 루머는 근거 없는 것이다. 따라서 rumor 앞에 baseless, groundless, unfounded를 쓸 필요가 없다.

(9) 불필요한 position, proposition, purposes, question, situation

The escalating nationalism over territorial disputes might push Japan into (a position of tension ■▶ tension) with South Korea, China and Russia.

영토 분쟁을 둘러싸고 증가하는 국수주의는 일본을 한국, 중국, 러시아와의 (긴장 상태 ■▶ 긴장) 속으로 몰아넣고 있다.

Bill Clinton can be (in a risky problem ■▶ at risk).

빌 클린턴은 (위험한 문제에 ■▶ 위험에) 직면할 수 있다.

South Korea rejected the request out of fear that those items (would be diverted for military purposes ■▶ would be used militarily).

한국은 그러한 물품들이 (군사적인 목적으로 전용될 수 있다는 ■▶ 군사적으로 사용될) 우려 때문에 그 요청을 거부했다.

An agreement seems to be (out of the question ■▶ impossible).

합의는 불가능한 것처럼 보인다.

The government decided to increase the quota in consideration of the recent (difficult economic situation ➡ economic difficulty).

정부는 최근의 (어려운 경제 상황을 ➡ 경제적 어려움을) 감안해 한도를 늘이기로 결정했다.

Reactor No.3 in Fukushima is proclaimed in (emergency situation ➡ emergency).

후쿠시마 원자로 3호기가 (비상 사태 상황 ➡ 비상 사태)에 있다.

(10) express, voice, give, have, make, place and put을 포함한 구를 한 동사로

The government, as a matter of protocol, expressed regret concerning Kim Jong-il's death.

정부는 김정일의 사망에 대해 외교상 관례로 유감을 표시했다.

➡ The government, as a matter of protocol, regretted Kim Jong-il's death.

정부는 김정일의 사망에 외교상 관례로 유감을 표시했다.

Do civilians try to voice their disapproval of the proposal?

민간인들은 그 제안에 반대의 목소리를 내려 힘쓰는가?

➡ Do civilians try to disapprove of the proposal?

민간인들은 그 제안에 반대하려 힘쓰는가?

To give free expression to a strong emotion will have an impact on your partner.

격한 감정을 자유로운 표현을 내놓는 것은 파트너에게 영향을 줄 것이다.

➡ To express freely a strong emotion will impact your partner.

격한 감정을 자유롭게 표현하는 것은 당신의 파트너에게 영향을 줄 것이다.

Please give us encouragement rather than scold.

꾸지람보다는 우리를 격려해 주세요.

➡ Please encourage us rather than scold.

꾸지람보다는 격려해 주세요.

There have been around 200 players who have made over 100 appearances for the soccer club.

그 축구 클럽 대표로 100회 이상 출전한 선수가 약 200명 있다.

➡ There have been around 200 players who have appeared over 100 times for the soccer club.

그 축구 클럽 대표로 100회 이상 출전한 선수가 약 200명 있다.

Ahn Cheol-soo's withdrawal is expected to have a considerable impact on the election.

안철수의 불출마는 선거에 상당한 영향을 미칠 것으로 보인다.

➡ Ahn Cheol-soo's withdrawal is expected to impact the election considerably.

안철수의 불출마는 선거에 상당히 영향을 미칠 것으로 보인다.

Free bike rentals will be available by (making use of ➡ using) abandoned bicycles.

버려진 자전거를 활용해 무료 대여 서비스가 가능할 것이다.

》》》》 make use of는 use와 뜻이 동일하다. 명사구는 가능한 한 동일한 뜻을 가진 동사로 바꾸면 짧고, 힘찬 표현이 된다. 앞으로 나오는 비슷한 특징을 가진 예문들도 같은 맥락에서 이해될 수 있다.

Why does the professor (make a distinction ➡ distinguish) between Seoul and New York?

그 교수는 왜 서울과 뉴욕을 구별하려 하느냐?

President Barack Obama places heavy emphasis on renewable energy.

오바마 대통령은 재생 에너지에 많은 중점을 둔다.

➡ President Barack Obama heavily emphasizes renewable energy.

오바마 대통령은 재생 에너지에 대해 대단히 많이 강조한다.

U.S. Congressmen will step up efforts this week to put more pressure on North Korea through legislation calling for the repatriation of Korean War veterans.

미 하원의원들은 한국전 참전 용사 송환을 촉구하는 법제화를 통해 북한에 보다 많은 압력을 가하려는 노력을 이번 주 한층 강화했다.

▶ U.S. Congressmen will step up efforts this week to press North Korea through legislation calling for the repatriation of Korean War veterans.

미 하원의원들은 한국전 참전 용사 송환을 촉구하는 법제화를 통해 북한에 압력을 가하려는 노력을 이번 주 한층 강화했다.

2. 구(phrase)를 한 단어(word)로 바꾼다

Tour projects (are not in violation of ▶ do not violate) UN sanctions.

여행 계획은 UN 제재를 위반하는 것이 아니다.

»»» 명사구는 가능한 한 동일한 뜻을 가진 동사로 바꾸면 짧고, 힘찬 표현이 된다.

Sunday was largely believed to be the birthday of North Korea's new leader Kim Jong-un (despite the fact that ➡ although) almost all personal details about him are still shrouded in secrecy.
북한의 새 지도자인 김정은 개인에 대한 거의 모든 신상명세는 여전히 비밀로 가려져 있지만, 일요일은 그의 생일로 널리 여겨졌다.

》》》 Despite the fact that은 although와 뜻이 동일하므로 짧은 단어로 나타내는 것이 좋다.

(To a large extent ➡ Largely), the tycoon's rise was aided by his personal connections with the president.
그 재계 총수의 부상은 대체로 대통령과의 인맥에 힘입었다.

》》》 To a large extent는 largely와 뜻이 동일하므로 짧은 단어로 나타내는 것이 좋다.

The size of the deal has not been announced, but observers predict it could be (in the neighborhood of ➡ about) $10 billion.
그 거래의 규모는 알려지지는 않았지만, 관측자들은 약 100억 달러 규모로 보고 있다.

》》》 in the neighborhood of를 about으로 바꾼다. 즉 모든 숙어는 한 단어로 표현할 수 있는지 항상 점검한다.

■ 기타 용례

for the expulsion of ➡ to expel 추방하기 위해
for the decoration of ➡ to decorate 장식을 위해
favor the reorganization of ➡ favor reorganizing 조직 재개편을 원하다
pay a visit ➡ visit 방문하다

express a favorable attitude ➡ favor 호의적인 태도를 보이다

for the creation of ➡ to create 만들기 위해

in such a way ~ as to ➡ so as to ~을 하기 위해

3. 전치사구를 전치사로 바꾼다

전치사구도 한 단어의 전치사로 바꾸어 나타내는 것이 훨씬 좋다.

Students may be able to enroll at a domestic university, and study at home and abroad (in the near future ➡ soon).

학생들은 조만간 입학은 국내 대학에서 하고 학업은 국내외에서 할 수도 있다.

During the final decade of colonial rule, Japan's primary goal was to assimilate Koreans (for the purpose of war ➡ for war).

식민지하의 마지막 10년간, 일본의 주요 목표는 전쟁을 위해 한국인을 동화시키는 것이었다.

We are in the southwestern part of the sky heading (in the direction of ➡ toward) Incheon International Airport.

우리는 인천국제공항으로 향하는 상공의 남서부에 있다.

Koreans like to follow international rankings that show where Korea stands (in relation to ➡ in) other countries.

한국인은 다른 나라와 비교해 한국이 어느 위치에 있는지 국제 서열을 따르는 것을 좋아한다.

(With regard to ■▷ On) student misbehavior, the overall situation began to improve during the second semester.
학생의 비행에 관해서는 2학기에 전반적으로 좋아지기 시작했다.

4. 동사구(Verb Phrase)를 동사로 바꾼다

다음 예문의 동사구들도 하나의 동사로 충분히 나타낼 수 있다.

We (have reached the conclusion ■▷ concluded) that we need to (make an apology ■▷ apologize) for defamatory remarks against the actress and her family members.
우리는 그 여배우와 그 가족의 명예를 실추시키는 말을 한 것에 대해 사과할 필요가 있다고 결론을 내렸다.
»»» 명사구는 가능한 한 동일한 뜻을 가진 동사로 바꾸면 짧고, 힘찬 표현이 된다.

Popular KBS TV show "1 Night, 2 Days" will (come to an end ■▷ end) in six months.
인기 있는 KBS TV 프로그램 〈1박 2일〉이 6개월 후 종영될 것이다.

I was able to (reach a conclusion ■▷ conclude) confidently that Dokdo is part of Korean territory from all historical and legal aspects.
나는 모든 역사적, 법적인 측면에서 독도가 한국 영토의 일부라고 자신 있게 결론을 내릴 수 있었다.

5. be 동사를 행동 지향적인(action-oriented) 동사로 바꾼다

be 동사는 힘이 없다. 행동 지향적인 동사로 문장을 힘차게 나타낼 수 있다.

If the central bank (is lacking in ▶ lacks in) the art of rhetoric, it fails to have the intended impact on the economy.
중앙은행이 발표하는 수사의 기교력이 부족하다면, 경제에 의도한 영향을 주는 것에 실패했다고 볼 수 있다.

The company's profit margin (is dependent on ▶ depends) on its telecommunication business.
그 회사의 이윤은 통신 사업에 의존한다.

■ be + adjective(형용사) + preposition(전치사)의 동사 + 숙어를 동사로 나타낼 수 있다.

I (am afraid of ▶ fear) war.
나는 전쟁이 두렵다.

6. 긴 단어를 짧은 단어로 바꾼다

Korea will resume development (assistance ■▷ aid) to Myanmar.

한국은 미얀마에 개발 원조를 재개할 것이다.

"We are working to (facilitate ■▷ ease) communication among peoples and nations across the world," said Yoo Jang-hee, president of the volunteer interpretation organization BBB Korea.

다국적 자원 봉사 통역 단체 BBB Korea의 유장희 대표는 "우리는 전 세계 국민과 국가 간에 대화를 원활하게 하려고 추진하고 있다"고 말했다.

Nuclear reactors in Korea underwent (numerous ■▷ many) stoppages.

한국의 원자로가 여러 번 가동을 중단했다.

The airliner plans to recruit flight attendants for the (remainder ■▷ rest) of the year in order to increase flights.

그 항공사는 올해 나머지 기간 동안 증편을 하기 위해 승무원을 채용하려 한다.

The (initial ■▷ first) steps were taken for a free school meal referendum.

학교 무상 급식에 대한 찬반을 묻는 투표를 하기 위한 첫 번째 조치가 취해졌다.

Four savings banks were suspended for lack of (enough) capital.

4개 저축은행이 (충분한) 자본금 부족으로 영업 정지를 당했다.

Incheon International Airport is (referred to as ➡ called) the gateway to Korea.

인천국제공항은 한국의 관문으로 불린다.

■ 짧은 단어가 긴 단어보다 좋다(Short is better than long)

wordy ▶▶	better	뜻
a group of 15 people	15 people	15명
a large number of	many	많은
a multitude of	many	많은
a number of	several, some	많은
a number of occasions	several times	많은
a plethora of	many	많은
accommodate	contain	수용하다
accompany	go with	동행하다
adjacent to	next to	~옆에
all of	all	모든
alleyway	alley	골목
allow for	allow	허락하다
altercation	fight, brawl	논쟁
amidst	amid	~가운데
amongst	among	~가운데
appear on the scene	appear, arrive	도착하다
apprehend	catch, arrest, grab, hold	잡다
approximately	about	대략

as a result of	because of	~때문에
as from	from	~로부터
as many as	up to	~만큼
as to whether	whether	~인지 아닌지
as yet	yet	아직
ascertain	find out	찾아내다
assistance	help	도움
at a faster rate	faster, quicker, more quickly	보다 빨리
at an early date	soon	곧
at present	now	이제
attempt	try	시도하다
at that time	then	그 당시
at the present time	now	지금
at this moment	now, today	현재
at which time	when	~의 때
be capable of	can	할 수 있다
be in agreement	agree	동의하다
be in dispute	disagree	의견이 다르다
be in need of	need	필요로 하다
be of the opinion	believe, think	생각하다
be required to	have to	해야 하다
become aware of	learn, find out	알다
behind schedule	late	늦게
benefit	help	도움
beverage	drink	음료
break down and cry	cry, weep, sob	울다

burst into flames	catch fire	타오르다
call a halt	stop	멈추다
check out	check	확인하다
close proximity	near	가까이
collision	crash, smash	충돌
commence	start, begin	시작하다
comment	say	말하다
conceal	hide	감추다
concept	idea	생각
concur	agree	동의하다
conspicuous by one's absence	absent, away, not there	자리에 없는
construct	build	세우다
consult with	consult	논의하다
crash into	hit	부딪히다
crisis situation	crisis	위기
currently	now	지금
deceased	dead	죽은
demonstrate	show	보여 주다
depart	leave	떠나다
despite the fact that	although	비록 ~일지라도
dilapidated	run-down	허물어져 가는
discontinue	stop	멈추다
discussion	talk	논의
dispatch	send	보내다
donate	give	주다
due to the fact that	because of	~때문에

during the course of	while	~동안에
each and every	each	각각
effect a saving	save	절약하다
embark on	start, begin	시작하다
encounter	meet, meeting	만나다, 만남
end product	product	완제품
endeavor	try	노력하다
erect	build	세우다
escalating	growing, rising	증가하는
escape on foot	flee, run away	도망가다
established	found, set up	세워진
eventuate	happen, occur	일어나다
eyewitness	witness	목격
face up to	face	마주하다
facilitate	ease, help	용이하게 하다
facility	factory, plant	공장
feedback	response	응답
fill up	fill	채우다
filled to capacity	full	가득한
following	after	~이후에
for the making of	to make	만들기 위해
free of charge	free	무료로
gain entrance to	get in, enter	들어가다
gale-force wind	gale	강풍
give an explanation of	explain	설명하다
give chase to	chase	추적하다
give consideration to	consider	고려하다

give one's approval to	approve	승인하다
general public	public, people	대중
get under way	start, begin	시작하다
He is a man who	He	그
head up	head, lead	이끌다
high-ranking	senior	상급의
hold a dialogue with	talk with	말하다
hold an investigation	investigate, probe	조사하다
hold negotiations with	talk with, negotiate with	협상하다
be hopeful that	hope	희망하다
human beings	humans, people	인류, 인간
identical	the same	동일한 것
imprison	jail	수감하다
in addition	also	또한
in attendance	attending	참석하는
in excess of	more than	~보다 많은
in my opinion	I think	내 생각에는
in order to	to	~하기 위해
be in possession of	have	가지다
in short supply	scarce	부족한
in spite of	despite	~에도 불구하고
in the direction of	toward	~를 향하여
in the first instance	first	먼저
in the near future	soon	곧
in the process of planning	planning	계획 중인
in the course of	while, during	~동안에
in the wake of	after	~이후에

in view of the fact that	since, because	~때문에
incarcerate	jail	수감하다
inebriated	drunk	술에 취한
inform	tell	말하다
initial	first	먼저
initiate	start	시작하다
innovative	new	새로운
inoperative	not working	작동하지 않는
inquire, enquire	ask	묻다
inside of	inside	내부의
instruct	teach, show	가르쳐 주다
intoxicated	drunk	술에 취한
laid to rest	buried	묻힌
large amount of	lots of, plenty of, much	많은
large number of	many	많은
leaving much to be desired	unsatisfactory, poor	부족한
lengthy	long	긴
less expensive	cheaper, inexpensive	보다 싼
locate	find	찾아내다
located at	at	~에
location	place	장소
make a contribution	give, donate, contribute	기여하다
make a decision	decide	결정하다
make one's way	go	가다
made redundant	sacked	해고된
make one's escape	escape, flee, run away	탈출하다
make one's exit	leave	떠나다

make the ruling	rule	판결하다
make use of	use	사용하다
major breakthrough	breakthrough	돌파구
majority of	most	대부분의
manufacture	make	제조하다
massive	huge, big	거대한
maximize	boost, increase	증대하다
meet up with	meet	만나다
members of the public	people, public	국민
merchandise	goods	상품
method	way	방법
module	part, unit	단위
moreover	also	또한
necessitate	require	필요로 하다
necessity	need	필요
non-professional, unprofessional	amateur	비전문적인
numerous	many	많은
objective	aim, goal	목적
obtain	get	얻다
occur	happen, take place	일어나다
on account of	because	왜냐하면
on a daily basis	daily	매일
on one occasion	once	한번
one man[woman]	a man[woman]	한 남자[여자]
one of the students	a student	한 학생
one third	a third	3분의 1

outside of	outside	밖의
owing to the fact that	because	~때문에
parameters	limits	한도
participate in	take part in	참여하다
pathway	path	행로
per annum	a year	1년에
per hour	an hour	한 시간에
per week	a week	일주일에
permit	let, allow	허용하다
personnel	workers, staff	인력
placed under arrest	arrested	체포된
pose a question	ask	질문하다
possess	have	소유하다
preparatory to	before	이전의
presently	soon	곧
prior to	before	~이전에
proceed to leave	leave	떠나다
proliferation	growth	확산, 성장
provide	give	제공하다
provided that	if	만약 ~라면
purchase	buy	구매하다
pursue	chase	쫓다
raze to the ground	raze	파괴하다
reason why	why	이유
reduce	cut	줄이다
reimburse	repay, refund	상환하다
relating to	about	~에 관하여

relocate	move	이주시키다
remuneration	pay, salary, wage	급여
render assistance	help	원조하다
rendered unconscious	knocked out	넋을 잃은
repair	fix	고치다
request	ask	요구하다
require	need	필요로 하다
residence	house, flat	주택
rest up	rest	휴식하다
retail outlets	shops	상점
retain	keep	유지하다
right here	here	여기
roadway	road	도로
sit down	sit	앉다
seek employment	look for work	일자리를 찾다
short distance away	near, close	가까이
situated at	at	~에
situated close to	close to, near	가까운
spectrum	range	영역
spot	see	보다
upstart	start	시작하다
state-of-the art	latest	최신의
state	say	말하다
stand up	stand	서다
strike action	strike	파업
submit one's resignation	resign, quit	사임하다
subsequently	later	차후에

substantial	big	큰
suffer a broken leg	break one's leg	다리가 부러지다
sufficient	enough	충분한
sum of $5,000	$5,000	5,000 달러
take action on	act on	조치를 취하다
take into consideration	consider	고려하다
take into custody	arrest	체포하다
terminate	end, finish, stop	끝내다
tighten up	tighten	강화하다
try out	try	시도하다
until such time as	until	~까지
utilize	use	활용하다
virtually	almost	거의
whilst	while	~동안에
witness	see	보다
wake up	wake, awake	깨어나다
worst-case scenario	at worst	최악의

(Reprinted with permission from Bruce Kaplan, author of *Editing Made Easy*)

7. to + present, provide, show, take 등을 한 단어로 표현한다

The volunteers will be able to present their suggestions to the Seoul City government up to three times per month.

자원봉사자들은 매월 서울시 정부에 최대 월 3회 제안을 낼 수 있을 것이다.

▣▶ The volunteers will be able to suggest to the Seoul City government up to three times per month.

자원봉사자들은 매월 서울시 정부에 최대 월 3회 제안할 수 있을 것이다.

》》》 명사구는 가능한 한 동일한 뜻을 가진 동사로 바꾸면 짧고, 힘찬 표현이 된다.

The cook provided an easy explanation about the health effects of the ingredients and vegetables used in each of her recipes.

요리사는 그녀의 음식에 사용되는 첨가제와 야채가 건강에 미치는 영향에 대해 쉽게 설명을 해주었다.

▣▶ The cook easily explained the health effects of the ingredients and vegetables used in each of her recipes.

요리사는 그녀의 음식에 사용되는 첨가제와 야채가 건강에 미치는 영향에 대해 쉽게 설명했다.

He is a hard-working student, who shows broad knowledge and passion in his field of interest.

그는 부지런한 학생인데, 그가 흥미 있는 분야에서 폭넓은 지식과 열정을 보여 준다.

➡ He is a hard-working student knowledgeable and passionate in his field of interest.

그는 흥미 있는 분야에서 아는 것이 많고 열정적인 부지런한 학생이다.

"It's high time for South Korea to (take into consideration ➡ consider) a nuclear option seriously."

"한국도 핵무기를 보유할 것이냐에 대해 심각하게 고려할 시점이다."

8. 진부한 표현(cliché)을 한 단어로 표현한다

■ 진부한 표현(cliché)을 한 단어로

wordy ▶▶	better	뜻
continuously optimistic	optimistic	낙관적인
consensus of opinion	opinion	여론
fear and trembling	dread	두려워하다
fly in the face of	defy	대항하다
for all intents and purposes	virtually	실제적으로
go to show	prove	증명하다
in a timely fashion	timely	적절한 시기에
it is imperative that	must	~해야 한다
kinder and gentler	humane	인간적인
par for the course	typical	전형적인
sick and tired of	annoyed	짜증이 난
window of opportunity	opportunity	기회

■ 불필요한 idiom을 한 단어로

wordy ▶▶	better	뜻
as a matter of fact	in fact	사실
before long	soon	곧
day in and day out	everyday	매일
high and mighty	arrogant	교만한
in a nutshell	briefly	짧게
in place of	for	~을 대신하여
on the part of	by	~에 의해

put on an act	pretend	~인 체하다
take exception	object	반대하다
take offense to	resent	분개하다
the long and the short	the gist	요점

9. 숙어를 한 단어로 표현한다

He made a concerted effort to persuade her.
그는 그녀를 설득하기 위해 혼신의 노력을 다했다.

▶ He tried to persuade her.
그는 그녀를 설득하고자 애썼다.

The woman (reached a conclusion ▶ concluded) that he lied.
그 여성은 그가 거짓말했다는 결론에 이르렀다.

»»» 명사구는 가능한 한 동일한 뜻을 가진 동사로 바꾸면 짧고, 힘찬 표현이 된다.

The prosecutor (made the statement ▶ stated) that urban crimes were rising.
그 검사는 도시 범죄가 증가하고 있다는 성명을 냈다.

The president (expressed regret over ▶ regretted) the killing.
대통령은 그 사망에 대해 유감을 표명했다.

10. 아무 의미가 없는 어색한 표현을 제거한다

다음과 같은 표현은 사용하지 않아야 한다.

and everything	그리고 모든 것
and stuff like that	그리고 그런 것들
anyway	어떠하든
I'll tell you	말한다면
I mean	나는 말이야
kind of thing	일종의 물건

■ 단어 구사 능력이 부족할 경우 나오는 표현

biased opinion ➡ bias 편견

It is your (biased opinion ➡ bias). 그것은 당신의 편견이다.

bald-headed ➡ bald 대머리

A local court has ruled that calling a person (bald-headed ➡ bald) cannot be considered an act of defamation.

지방법원은 특정인에게 대머리라고 지칭하는 게 명예훼손이 될 수 없다고 판결했다.

lack of experience ➡ inexperience

It is due to my (lack of experience ➡ inexperience).

그것은 나의 경험 미숙 때문이다.

■ 불필요한 couples

똑같은 단어를 두 번 열거할 필요가 없다. 두 단어 중 하나만 사용해도 뜻은 전달된다.

> He plans to present his new culinary creations at the Imperial Palace Hotel with his diverse (background and experience ▶ experience).
>
> 그는 자신의 다양한 (배경과 경험을 ▶ 경험을) 바탕으로 개발한 요리를 임페리얼 팰리스 호텔에서 발표할 계획이다.

이러한 경우를 예로 들면 다음과 같다.

wordy ▶▶	better	뜻
aid and abet	aid 또는 abet	방조
compare and contrast	compare 또는 contrast	비교
fair and equitable	fair 또는 equitable	공평한
first and foremost	first 또는 foremost	일등인
new and innovative	new 또는 innovative	새롭거나 혁신적인
null and void	null 또는 void	무효
one and only	one 또는 only	유일한
peace and quiet	peace 또는 quiet	평화 혹은 고요
pick and choose	pick 또는 choose	선발 혹은 선택
rules and regulations	rules 또는 regulations	규정
various and sundry	various 또는 sundry	잡다한

■ 불필요한 전치사구

in the field of, in connection with, in order to, in respect of, so far as concerned, in the case of 등은 on, over로 바꾸어 나타낸다.

wordy ▶▶	better	뜻
win out	win	승리하다
consult with	consult	협의하다
stop off	stop	중지시키다
check up on	check	검토하다
divide up	divide	나누다
test out	test	테스트하다

■ 우회적 표현(circumlocution)을 구체적인 단어로

wordy ▶▶	better	뜻
a limited number	one, two or three	정수(하나, 둘 혹은 셋 등)
an overwhelming majority of	most	대부분
a significant portion of	some	상당수는
a sizable percentage of	many	많은
be at variance with	differ from	다르다
be of the opinion	believe	믿다
make a statement	say	말하다
on more than one occasion	repeatedly	반복적으로
over the long term	ultimately	궁극적으로
to a certain extent	in part	부분적으로
to a large degree	largely	대체적으로

■ 불필요하게 긴 단어(polysyllable)를 짧은 단어로

wordy ▶▶	better	뜻
effectuate	effect	실행하다
eventuality	event	이벤트
indebtedness	debt	부채
materialize	happen	발생하다
methodology	method	방법
multiplicity	many	많은, 다수
necessitate	require	필요로 하다
parameter	limit	제한, 한도
remunerate	pay	지급하다
terminate	end	종료하다

■ Misused or overused. overworked, abused 단어

1) Misused words: 잘못 사용되는 단어

> We can get vitamin D through food, supplements, or breast milk, but exposure to sunlight leads to the (synopsis ▣ synthesis) of most vitamin D.
>
> 우리는 음식이나, 영양제, 모유 등을 통해 비타민 D를 얻을 수 있으나 햇빛을 많이 쬐면 대부분 비타민 D의 합성이 이루어진다.
>
> 〉〉〉〉 synopsis는 요약을 뜻하고 synthesis은 합침, 합성을 뜻한다.

2) Overworked words / tired terms

너무 많이 사용하면 문장의 원래 뜻이 약해진다. 이러한 어휘에는 다음과 같은 것들이 있다.

action, actively, amazing, appreciate, approach, attitude, awesome, definitely, excellent, implement, incredible, interesting, lasting, major, unbelievable

3) Overuse and abuse of words

> Pension crisis looms large.
> 연금 위기가 부각되고 있다.
> ⟫⟫⟫ 여기서 crisis의 개념은?
> 한국인처럼 위기(crisis)라는 용어를 많이 쓰는 국민도 없다. 과연 어디까지 crisis로 정해야 할까? 현재 한국은 국민연금이 국제 기준에 따라 안정되게 운영되고 있다. 따라서 내일모레 연금 지급이 안 되는 인상을 주는 pension crisis는 너무 과장된 표현이다. pension problem 정도가 정확한 정의가 아닐까. 같은 의미로 경제 위기(economic crisis)는 어디까지 정의해야 할까? 1997년 환란의 경우는 분명 economic crisis였다. 그런데 환란 위기가 극복된 지금도 많은 사람들이 economic crisis라 한다. 잘못된 한국어 표현을 그대로 영작하면 외국인은 곧 한국에 무슨 심각한 문제가 있는 것으로 오해한다.

4) Moribund metaphors(힘없는 은유적 표현)

> LTE smartphones sell like hot cakes.
>
> * LTE (Long Term Evolution: 4세대 이동 통신 방식의 첨단 핵심 칩)
>
> LTE 스마트폰이 핫케이크처럼 팔린다.
>
> ▶ LTE smartphones outsell other mobile devices.
>
> LTE 스마트폰이 다른 기종보다 잘 팔린다.
>
> The Korean economy sees light at the end of the tunnel.
>
> 한국 경제는 터널의 끝에서 빛을 보고 있다. (희망이 보인다는 뜻)
>
> ▶ The Korean economy shows signs of upturn.
>
> 한국 경제에 회복 기미가 보인다.

그 밖에도 다음과 같은 표현이 있다.

piece of cake ▶ easy 쉬운

emotional rollercoaster ▶ emotional fluctuation 감정의 진폭

exercise

1. 다음 밑줄 친 부분의 전치사구를 전치사를 활용해 간단히 나타내 보자.

안철수의 대선 출마로 이번 대통령 선거는 박근혜, 문재인과 3자 레이스가 되었다.

Ahn Cheol-soo's bid for the presidency has turned the presidential election into a three-way race <u>with Park Geun-hye also competing against Moon Jae-in.</u>

▶ _____

2. 다음 문장에 볼드체로 표기된 with 대신 against를 활용해 문장을 바꿔 보자.

Korea has a good record in matches **with** Uzbekistan with seven wins, one draw and one loss.

한국은 우즈베키스탄과의 경기 전적이 7승 1무 1패이다.

▶ _____

3. 다음 문장에서 in an away match with 대신 1단어의 전치사를 넣어 줄여 보자.

Hamburg's Son Heung-min netted his fourth goal of the season Sunday to give his team a 1-0 victory <u>in an away match with</u> Greuther Furth at the Trolli Arena.

일요일에 함부르크의 손흥민 선수가 Trolli 지역에서 Greuther Furth팀과 가진 어웨이 경기에서 이번 시즌 4번째 골을 넣어 팀에 1 대 0 승리를 선사했다.

▶ _____

불필요한 단어와 숙어 제거

exercise

4. 다음 문장에서 밑줄 친 동사구를 동사로 줄여 보자.

The National Election Commission <u>gave the green light to</u> textbooks mentioning Ahn Cheol-soo.

중앙선거관리위원회는 안철수가 포함된 교과서 사용을 허용했다.

➡ _____

* 5~6 다음 문장에서 불필요한 단어를 제거하고 간단히 나타내 보자.

5. It is natural to vent out anger.

울분을 터뜨리는 것은 당연하다.

➡ _____

6. Seoul Mayor Oh Se-hoon said he will make public whether he will link the mayoral post to the result of a residential referendum on the free school lunch program before the vote scheduled for Aug. 24.

오세훈 서울시장은 8월 24일로 예정된 투표 이전에 무상 급식에 대한 주민 투표의 결과에 시장직을 걸 것인지를 발표하겠다고 말했다.

➡ _____

7. 밑줄 친 부분이 wordy하다. 이를 단순하게 표현하면?

Cigarettes manufactured by Korean maker KT&G <u>contain chemical substances that make smokers become more easily addicted to them,</u> a report showed Wednesday.

수요일에 발표된 한 보고서에 의하면 한국의 담배 제조업체인 KT&G가 제조한 담배가 흡연가에게 중독이 될 수 있는 많은 화학 물질을 포함하고 있다고 한다.

➡ _____

* 8~10 다음 문장에서 밑줄 친 부분을 한 단어로 나타내 보자.

8. <u>A growing number of</u> countries oppose the single use of the Sea of Japan.

많은 국가들이 일본해의 단독 사용을 반대하고 있다.

▣▷ _____

9. Buyers can also get an interest-free loan from the company, while visitors to its show house receive kimchi <u>free of charge.</u>

바이어들은 회사로부터 무이자 대출을 받을 수 있는 한편, 방문객들은 김치를 무료로 받을 수 있다.

▣▷ _____

10. The bus is <u>behind schedule</u> this morning. It should have been here five minutes ago.

오늘 아침엔 버스가 늦네. 올 때가 5분이나 지났는데.

▣▷ _____

answers

1. ■▷ Ahn Cheol-soo's bid for the presidency has turned the presidential election into a three-way race among him, Park Geun-hye and Moon Jae-in.

»»» 3자 대결을 into a three-way race with Moon Jae-in also competing against Park Geun-hye보다 a three-way race among him, Park Geun-hye and Moon Jae-in.이 훨씬 명쾌하다. 전치사는 among을 사용한다.

2. ■▷ Korea has a good record against Uzbekistan with seven wins, one draw and one loss.

»»» have a good record against라는 숙어를 숙지한다.

3. ■▷ Hamburg's Son Heung-min netted his fourth goal of the season Sunday to give his team a 1-0 victory over Greuther Furth at the Trolli Arena.

»»» 흔히 적지에서 치르는 경기를 away 경기라고 한다. 그러나 영작에서는 away라는 표현이 어색하다.

4. ■▷ The National Election Commission greenlighted the use of textbooks mentioning Ahn Cheol-soo.

»»» give the green light to에서 greenlight를 동사로 바꾼다. 'give, make, conduct, effect + 명사' 등의 동사를 질식시키는 동사(smothered verb)라 한다. 그 예는 다음과 같은 경우이다.

wordy	▶▶	better	뜻
give preference to		prefer	선호하다
make an enquiry		enquire	문의하다
make a calculation		calculate	계산하다

give consideration to	consider	고려하다
conduct a survey	survey	조사하다
effect a change	change	변화하다

5. ▶ It is natural to vent anger.

〉〉〉〉 vent에 out이 포함되어 있다. out을 제거한다.

6. ▶ Seoul Mayor Oh Se-hoon said Thursday he would quit if he loses this month's referendum on free school lunches.

〉〉〉〉 link his mayoral post to the result of the residential referendum은 주민 투표에 시장직을 걸겠다는 내용인데, 사임하다(quit)로 쓰면 더욱 뜻이 명확하다. 그리고 발표하는 날이 목요일이니 Thursday를 추가했고, 불필요한 단어는 residential이다. referendum에는 residential의 의미가 포함되어 있기 때문이다.

7. ▶ According to a report released Wednesday, cigarettes by Korean tobacco company KT&G contain addictive chemical substances.

수요일에 발표된 한 보고서에 따르면 한국 담배 제조업체인 KT&G가 제조한 담배는 중독성 화학물질을 포함하고 있다.

8. ▶ Many countries oppose the single use of the Sea of Japan.

많은 국가들이 일본해의 단독 사용을 반대하고 있다.

9. ▶ Visitors to its show house receive free kimchi. Meanwhile, buyers can obtain interest-free loans from the company.

방문객들은 김치를 무료로 받을 수 있다. 한편 바이어들은 회사로부터 무이자 대출을 받을 수 있다.

〉〉〉〉 무료라는 뜻의 free of charge는 free로 간단히 나타낼 수 있다. 가능한 한 불필요

한 단어를 줄이는 것이 요지이다.

10. ➡ The bus is late this morning. It should have been here five minutes ago.

»»» behind schedule이라는 표현 역시 late로 간단히 나타낼 수 있다. 메시지 전달도 훨씬 즉각적이다.

chapter 3

간결한 표현 연습
(Drills for Concise English)

간결한 표현 연습 원칙 10가지

❶ 영어 한 단어에 한국어의 형용사와 부사, 전치사가 포함된 경우가 있다. (blare loudly ▶ blare)

❷ 동사와 연결된 전치사는 대부분 필요 없다. (return back ▶ return)

❸ 2개 이상의 명사가 연속해 사용될 경우 1개로 바꿀 수 있다. (advance notice ▶ notice)

❹ 추상적인 명사는 구체적인 동사로 바꾼다. (implementation ▶ enforce)

❺ first, general, joint, make 등의 단어를 꼭 사용해야 하는지 주의한다. (joint cooperation ▶ cooperation)

❻ name, appoint 이후에는 as를 사용하지 않는다. (Former general named defense minister)

❼ 구어체에서 쓰는 의미 없는 단어는 사용을 자제한다. (actually, I will tell you what, by the way, as a matter of fact 등)

❽ 콩글리시는 올바른 영어로 사용한다. (action plan ▶ strategy 등)

❾ 구는 한 단어로 쓸 수 있는지 확인한다. (After the conclusion ▶ following, ahead of time ▶ earlier, as a result ▶ consequently 등)

❿ 같은 뜻의 두 단어로 열거된 경우 한 단어만 사용한다. (all and sundry ▶ all, anyone and everyone ▶ all 등)

2장에서 숙지한 짧게 쓰는 단어와 숙어, 불필요한 단어와 숙어를 이 장에서는 실제로 문장에서 연습해 보기로 하자. 여기에 나오는 A~Z까지의 표현을 숙지하면 여러분은 자신도 모르게 아주 짧게 English writing을 할 수 있는 능력을 갖게 된다.

Concise English (A~Z)

Clothing multinationals (admit to ➡ admit) labor abuses at Chinese factories.
의류를 제조하는 다국적 회사들이 중국 공장에서의 노동 착취를 인정했다.

She has been dating a man who is (rather advanced in years ➡ old).
그녀는 나이든 남자와 만나고 있다.

If the vote is (affirmative ➡ yes), I will support him.
만약 찬성 투표를 한다면, 나는 그를 지지할 것이다.

(When all is said and done,) Korea always seems to be in danger of a flash fire.
(모든 것을 감안하면,) 한국인은 돌발적인 화재(무력 충돌) 위험에 직면해 있다.

The group was (again) reorganized into the present-day IFANS in 1977.
그 그룹은 1977년 현재의 IFANS로 (다시금) 재개편되었다.

John F. Kennedy Jr. was killed in a plane crash at (age) 38 along with his wife in 1999.
존 F. 케네디 주니어는 1999년 38세(나이)에 부인과 함께 비행기 충돌 사고로 사망했다.

The country has (a great deal of ➡ vast 또는 great) potential.
그 나라는 엄청난 잠재력이 있다.

Costs of essentials spike (ahead of ➡ before) holidays.
필수품 가격이 연휴를 앞두고 급등하고 있다.

They promised to finish the project on time or (even ahead of schedule ➡ early).
그들은 그 프로젝트를 정시에 또는 (예정보다 앞당겨 ➡ 일찍) 마칠 것을 약속했다.

You cannot become his friend unless you (aid and abet ➡ aid) him now.
만약 그를 지금 돕지 않으면 당신은 그의 친구가 될 수 없다.

Removing stress, preventing diabetes, preventing overeating, and regulating urine flow, (aid in ➡ help) hangover recovery.
스트레스를 없애고, 당뇨병을 예방하고, 과식을 피하고 소변 배출을 조절하면 숙취 회복에 도움이 된다.

A (new type of) wireless mobile charger using radio frequencies will debut.
라디오 주파수를 사용한 (새로운 형식의) 무선 이동 충전기가 곧 시판된다.

The Korean Red Cross already serves meals to (all and sundry ➡ all) – churchgoers, students and environmentalists.
한국적십자사는 교인, 학생, 환경운동가 등 (모두에게) 이미 식사를 제공하고 있다.

When the (alleged) suspect was not found, the departure gate was closed.
(혐의 있는) 용의자가 아직 발견되지 않았기에, 출입구는 폐쇄되었다.

High-tech will (allow ➡ let) humans (to) operate machinery by thought control.
첨단 기술은 인간으로 하여금 생각을 통제하여 기계를 작동하도록 해줄 것이다.

(Almost without exception, these places ➡ Almost all these places) are somewhat disappointing.
이 지역의 모든 곳이 어쩐지 실망스럽다.

The school was (originally) designed to be an alternative choice for Korean students.
이 학교는 (원래) 한국 학생을 위한 대안으로 설계되었다.

Most people can't or don't want to go to a sports center at 8 a.m. (on a Monday morning ➡ on Monday)
월요일 아침 8시에는 모든 사람이 스포츠센터를 갈 수 없거나 가지 않는다.

The Red Cross collects record (amount of) donations for Japan.
적십자사는 일본을 위해 사상 최대 (액수의) 구호금을 모금하고 있다.

With a fine selection of many foods and (an abundance of) good wines, guests mingled (and networked).
많은 음식과 (많은) 좋은 와인과 더불어, 손님들이 한데 어우러졌다(그리고 인맥을 쌓았다).

(An estimated ➡ About) one million people reportedly died of starvation in North Korea in the 1990s.
1990년대 북한에서 약 100만 명의 주민이 굶어 죽은 것으로 전해졌다.

Whether he will become a real leader is (an open question ➡ questionable).
그가 진정한 지도자가 될지는 의문스럽다.

We invite (anyone and everyone ➡ all) to join in the festivities.
우리는 모든 분을 축제에 초청한다.

The calligrapher was appointed (as) a peace envoy.
그 서예가는 평화 대사로 임명되었다.

I spoke and wrote in Japanese (as a matter of course ➡ routinely) in doing business in Tokyo.
나는 일본에서 업무를 볼 때, 당연히 일본어로 말하고 쓴다.

(As a matter of fact) the solid car exports were largely attributable to growing demand in emerging markets.
사실 견실한 자동차 수출 증가는 주로 신흥 시장에서의 수요가 늘기 때문이다.

My advice is to continue assembling (together) the albums.
내 조언은 그 앨범을 (함께) 합치는 것을 계속하라는 것이다.

There was only one ATM (machine) in the (entire) city.
이 도시(전체)에서 ATM(기계)은 단 한 개였다.

Americans worry that their vaunted economic machine, (at one time ▶ once) the envy of the world, is grinding to a halt.

미국인들은 한때 세계의 부러움의 대상이었던 그들의 자랑스러운 경제 시스템이 멈추지 않을까 우려하고 있다.

What matters (at this juncture ▶ now) is that the junior Kim's power succession has proceeded without a revolt.

지금 중요한 것은 김정은으로의 권력 승계가 폭동 없이 진행되었다는 점이다.

The Capitol (building) is a proud historical heritage.

미의사당(건물)은 자랑스러운 역사 유산이다.

We will (come up with ▶ devise 또는 craft) appropriate countermeasures.

우리는 적절한 대책을 생각할 것이다.

The conservative administration (cohabitates ▶ cohabits) with liberal ministers.

보수 정부가 진보 성향의 장관들과 공존하고 있다.

The United States consulted (with) South Korea on food aid to North Korea.

미국이 북한 식량 지원에 대해 한국과 협의했다.

We should never put any (convicted) felon to death.

우리는 (유죄 판결을 받은) 흉악범을 사형시켜서는 안 된다.

You may see the (core) essence of life.
당신은 인생의 (핵심) 진수를 볼 수 있을 것이다.

The Imperial Grand was (initially) built as a custom-built piano for the legendary Italian pianist and composer Ferruccio Busoni.
임피리얼 그랜드 피아노는 (처음에) 전설적인 이탈리아 피아니스트이자 작곡가인 페루치오 부조니를 위해 만들어졌다.

The hospital's competitiveness comes from its emphasis on (custom-tailored ■▶ customized 또는 tailored) medical services and care.
그 병원의 경쟁력은 맞춤형 의료 서비스와 환자에 대한 배려에 역점을 둔 점에 기인한다.

Candidates pledged to (cut university tuition in half ■▶ halve university tuition).
후보들은 반값 등록금을 공약했다.

The 'gagok' or traditional lyrical songs dates (back) to the Joseon Kingdom(1392~1910).
이 가곡은 조선 왕조(1392~1910)로 (뒤로) 거슬러 올라간다.

2010 was designated (as) the Year of Kazakhstan.
2010년은 카자흐스탄의 해로 지정되었다.

The government ordered them to (disassociate ■▶ dissociate) themselves from illicit business.
정부는 그들에게 불법 비즈니스 행위에서 손떼라고 명령했다.

Park obtained a doctorate (degree) in Oriental medicine.

박 씨는 한의학 박사 학위를 취득했다.

Customers should read the (dosage ➡ dose) instructions on the back or inside medicine package.

고객들은 약상자 뒷면이나 안쪽에 있는 복용 안내문을 읽어야 한다.

The (driving force ➡ impetus) behind Korea's success

한국 성공의 견인차

The Bangladesh minister seeks to hike (employment opportunities ➡ jobs) for his country's workers in Korea.

방글라데시 장관은 한국 내 자국민 취업 증가를 모색하고 있다.

To become an adult butterfly, the caterpillar will (encapsulate ➡ encapsule) itself inside a cocoon to develop its wings.

나비가 되고자 애벌레는 날개를 만들기 위해 고치 안에서 웅크리고 있을 것이다.

It appears to (encircle ➡ circle) the Earth.

그것은 지구를 돌고 있는 듯하다.

The institute has applied for around 500 patents and received 24 (essential ➡ core) patents.

그 연구소는 특허권 약 500개를 신청했고, 핵심 특허권 24개를 취득했다.

The inclusion of such a general had become a (long-established) tradition of the Communist by 1948.

그와 같은 장군을 포함시키는 것은 1948년까지 (오랫동안 행해진) 공산주의 전통이었다.

The government had to prepare for the (eventuality ■▶ outcome) of Kim Jong-il's death.

정부는 김정일의 죽음에 대비해야 했다.

Whether any of these will (eventuate ■▶ occur) is unclear.

이중 어떤 것이 발생할지 불분명하다.

Teaching English in Korea, especially to younger kids, is one of the most (excruciatingly) painful ways of earning a living.

특히 어린 아이들에게 한국에서 영어를 가르치는 것은 생계를 유지하는 것처럼 (견딜 수 없이) 가장 고통스러운 일 중의 하나이다.

No less important is advancing its outdated, (exploitative ■▶ exploitive) distribution system as well as improving seeds and breeding.

이에 못지 않게 중요한 것은, 종자 개량과 번식뿐만 아니라 낡고 자원을 황폐화시키는 배수 시스템을 개선하는 것이다.

Many North Korea experts (express doubt ■▶ doubt) whether South Korea would be able to deal with chaos if the North collapses.

많은 북한 전문가들은 북한이 붕괴될 경우 한국이 혼란에 대처할 수 있을지에 대해 의문을 갖고 있다.

Many policymakers, however, (express opposition to ▶ oppose) "corporate bashing."

그러나 많은 정책 입안자들은 기업 탄압을 반대하고 있다.

We had to face (up to) what they had done.

우리는 그들이 했던 것을 직시해야 했다.

Seoul urges Pyongyang to (facilitate ▶ promote) family reunions.

한국은 북한이 이산 가족 상봉을 장려하도록 촉구하고 있다.

A local organization for the disabled claimed Tuesday that there have been sexual assaults at a rehabilitation (facility ▶ center 또는 building) for the mentally retarded.

신체 장애자들을 위한 한 지역 단체는 화요일 정신 지체자들을 위한 재활 기관에서 성폭행이 있었다고 밝혔다.

There is no (factual basis ▶ basis 또는 fact 또는 reason) for freezing the U.S. troops at 28,500.

미군의 수를 2만 8,500명으로 동결할 (사실적 근거가 ▶ 근거가) 없다.

Forty percent (fails to comply with ▶ breaks) rules.

40%가 규칙을 어긴다.

They urged the authorities to trace the incomes of the higher class in a bid to ensure fair (and equitable) taxation.

그들은 당국이 공정한 과세를 보장하기 위해 상류층의 수입을 추적하도록 촉구했다.

Let's move forward (fair and square) to achieve our goals.

우리의 목표를 달성하기 위해 (공명정대하게) 전진하자.

I just saw a propaganda video about the North Korean leader, which I believe to be false (and misleading).

내가 거짓이라 생각하는 북한의 지도자에 대한 선전 비디오를 보았다.

This (false) illusion makes many children go to an English-speaking country.

이러한 (잘못된) 망상은 많은 어린이들을 영어권 나라로 가게 만든다.

"I am a Singer" has (far and away) become one of the most popular variety programs.

〈나는 가수다〉는 (단연) 가장 인기 있는 예능 프로그램 중 하나가 되었다.

Similarly, standing too far (away) from the ball causes you to take the club away from the ball on a path that is overly inside the ball-target line.

마찬가지로 공에서 너무 멀리 (떨어져) 서는 것은 지나치게 공 목표선 안에 있는 경로에 공으로부터 클럽을 멀리 떨어뜨리게 한다.

You can't have (whole) employees (trembling in fear ■▶ tremble) when the CEO implements (never-seen-before ■▶ unprecedented) strategies.

그 CEO가 전례 없는 전략을 실행할 때 당신은 (전체) 직원들이 (두려움에 떨지 ■▶ 떨지) 않게 할 수 없다.

간결한 표현 연습

It is beyond my ability to describe the joy I feel (inside) when I watch them running to us with glee as we get off the train at the small station.

우리가 기차에서 내릴 때 그 작은 역에서 기뻐하며 뛰어오는 그들을 보면서 (내적으로) 느끼는 기쁨은 표현하기 어렵다.

Returning to a (filthy ➡ dirty) house after work is driving me crazy.

퇴근 후 지저분한 집으로 돌아오면 짜증이 난다.

The tower accommodating offices, retail and residential facilities is currently 68 percent constructed, with the (final) completion due in three months.

사무실, 점포, 주거 시설을 갖추고 있는 그 건물은 3개월 후로 예정된 (최종) 완공까지 현재 68% 건설되었다.

Korea and Colombia agreed to (finalize ➡ complete) a free trade agreement this year.

한국과 콜롬비아는 올해 자유무역협정을 완료하기로 합의했다.

Pressed by a shortage of (financial resources ➡ cash) in the wake of the global economic downturn, telecommunications giant SK reduced investment.

국제적인 경기 침체로 인해 자금이 부족해지면서 최대 규모의 이동통신사 SK는 투자를 삭감했다.

To demonstrate its (firm) commitment to the defense of South Korea, the U.S. Air Force temporarily dispatched F-22 fighter jets to the Korean Peninsula.

한국의 방위에 대한 (확고한) 의지를 보여 주기 위해 미 공군은 일시적으로 한반도에 F-22 전투기를 파견했다.

Defense reform must be pursued with (firm) conviction.

국방 개혁은 (굳은) 신념으로 추진되어야 한다.

The word itself was (first) coined merely 15 years ago.

그 단어는 불과 15년 전에 (처음으로) 만들어졌다.

How did this name (come into being in the first place ➡ start 또는 begin)?

이 이름이 어떻게 시작됐나?

Bread was (first) created more than 10,000 years ago,

빵은 10,000년보다도 훨씬 이전에 (처음) 만들어졌다.

Korea has become one of the world's most wired countries since mobile telecommunication service was (first) introduced in 1961.

이동통신이 1961년에 (처음) 소개된 이후 한국은 세계에서 네트워크 시스템이 가장 잘 연결된 나라 중에 하나가 되었다.

Korea is the country that (first) invented woodblock printing.

한국은 목판 인쇄를 (처음) 발명한 나라이다.

This regulation seems to (fly in the face of ▶ challenge) the existing sociological theories.

이 규정은 기존 사회 학설에 이의를 제기할 것 같다.

Oslo became (the focal point for ▶ the focus of) the international media.

오슬로는 국제 미디어의 초점이 되었다.

Look at the following sentences (below).

다음 (아래) 문장을 보아라.

Don't forecast (future) sales.

(향후) 판매량을 예상하지 말라.

People (form an opinion ▶ decide) very early by only seeing bits and pieces of information.

사람들은 정보의 극히 일부분만 보고 굉장히 일찍 (의견을 정한다 ▶ 결정한다).

Maoist rebels would (formulate ▶ devise) the guerilla strategies.

마오쩌둥 반군들은 게릴라 전략을 만들어 내곤 했다.

Food shortage would have long-term implications for generations (to come).

식량 부족은 (다가오는) 세대에 걸쳐 장기적인 영향을 미칠 것이다.

Japan's ultra-conservative (frame of mind ▶ view) is an obstacle to building trust in Northeast Asia.

일본의 극우적 (마음 상태 ▶ 태도)는 동아시아에서 일본이 신뢰를 쌓는 데 장애 요인이다.

He was given a (free) gift, and a (free) pass.

그는 (공짜) 선물과 티켓을 얻었다.

It is freezing (cold) outside.

바깥 (추운) 날씨가 영하 온도이다.

(From a legal aspect ➡ Legally), he is a criminal.

(법적인 관점에서 ➡ 법적으로) 그는 범죄자이다.

He stressed the importance of shareholders' values (from beginning to end).

그는 (처음부터 끝까지) 주주가 중요시 여기는 덕목의 중요성을 강조했다.

The Buchon factory was operating at (full) capacity.

부천 공장은 (전체) 가동 중이었다.

I read freedom, peace, happiness and (full) satisfaction in your face.

나는 너의 얼굴에서 자유, 평화, 행복, 그리고 (완전한) 만족을 읽었다.

The initial depreciation had no (fundamental) basis.

초기 가치 하락은 (근본적인) 근거가 없었다.

New regulations will hinder the (future) development of the derivatives market.

새로운 규제는 파생상품 시장의 (향후) 발전을 저해할 것이다.

He has no (future) plans.

그는 (향후) 계획이 없다.

The African country has no (future) prospects, and (future) projections of the issue.

그 아프리카 국가는 그 사안에 대한 (향후) 전망들, (미래) 예측들이 없다.

During the Chuseok holiday, families gather (together).

추석 연휴에는 가족들이 한자리에 (함께) 모인다.

It will be able to reach a (general) consensus soon.

그것은 조만간 (전반적인) 합의에 이를 것이다.

The (general) public is divided over the issue.

그 사안에 대한 (전반적인) 여론은 극과 극으로 갈려 있다.

We plan to (get married ▶ marry) in the fall.

우리는 가을에 결혼할 계획이다.

To (get across ▶ understand) the dire state of Korean farmers, one needs to look no further than the remains of cattle starved to death at farms.

한국 농민들의 암울한 상황을 이해하려면 농장에서 아사한 소의 사체 잔해를 보면 된다.

Women are more likely to (give birth to ▶ bear) a girl when stressed.

여성은 스트레스 받았을 때 여자아이를 낳을 가능성이 더 높다.

South and North Korea would join (together) to develop Mongolia, an idea that would reinvigorate inter-Korean relations.

남한과 북한이 몽고 개발을 위해 (같이) 함께하는 것인데, 이는 상호 관계를 개선하라는 취지이다.

We have fantastic training programs for small business owners and mid-career professionals who need to augment knowledge (base).

우리는 지식(기반) 보강을 필요로 하는 소규모 자영업자들과 중견 전문직 종사자들을 위해 굉장한 프로그램을 갖추고 있다.

Cosmos, the flower (known as ▶ called 또는 named) a messenger of the fall here, are in full bloom Sunday along the stream.

국내에서 가을을 알리는 전도사로 불리는 꽃인 코스모스는 개천을 따라 일요일 만개한다.

Last year, 490 songs were labeled (as) detrimental to youth.

지난 해 490곡의 노래가 청소년에게 유해한 것으로 판정을 받았다.

A documentary film on the comfort women's 19-year struggle was projected on a (large-size) screen erected near the embassy.

위안부 여성의 19년 역경을 다룬 다큐멘터리가 대사관 근처에 세워진 (대형) 스크린을 통해 상영되었다.

French officials believed the pillage could be (legitimatized ▶ legitimized) because there was no international convention.

프랑스 정부 관계자들은 국제적 관례가 없었기 때문에 약탈이 정당화될 수 있다고 보았다.

During a (lengthy ▶ long) phone conversation, Clinton and Chinese State Councilor Dai Bingguo discussed issues on North Korea.

클린턴과 중국 다이빙궈 국무위원은 (오랜) 전화 통화 중에서 북한에 관한 문제에 대해 의견을 나누었다.

We will link K-pop concerts to travel to Korea (together).

우리는 K-pop 콘서트와 한국 여행을 (함께) 연결 지어 생각할 것이다.

For those looking for (liquid refreshment ▶ beer, coffee, wine).

(음료를 ▶ 맥주와 커피, 와인을) 찾는 분들을 위해.

Holt's hope is that someday this (little) boy and children living at the center are adopted overseas.

홀츠재단의 바람은 언젠가 이 (작은) 남자 아이와 센터에 살고 있는 다른 어린 아이들이 해외 입양되는 것이다.

"In order to grapple with high tariffs and meet the tastes specific for each (locality ▶ region 또는 area), this is our best option.

높은 관세와 씨름하고 각 (지역)의 고유한 기호에 부응하기 위해서는 이게 최선입니다.

She had called the Korean Embassy in Washington to (lodge a complaint ▶ complain) about the Jeju base.

그녀는 제주 기지에 대한 (불만을 표시하기) 위해 워싱턴에 있는 한국 대사관에 전화했다.

I am well trained in (logical) reasoning.

나는 훈련을 받아 (논리적인) 추론을 잘한다.

One hesitant but courageous hyena attempted to approach one more time, but the lion roared (loudly).

망설이긴 했지만 용감했던 하이에나 한 마리가 접근하려고 한 번 더 시도했으나, 사자는 (크게) 으르렁거렸다.

These two soldiers (made the ultimate sacrifice ▶ were killed 또는 died) when they were just 19 and 21 years old, respectively.

이 두 장병들은 불과 각각 19, 21세에 (숭고한 희생을 당했다 ▶ 사망했다).

He (made up his mind on going ▶ decided to go) to Africa.

그는 아프리카에 가기로 결심했다.

He was married (together) to Anne.

그는 애니와 (함께) 결혼했다.

(A massive exodus ▶ An exodus) from the war-torn region took place.

(대규모) 대탈출이 전쟁으로 폐허가 된 지역에서 일어났다.

Elephants face (mass) extinction.

코끼리들이 (대량) 멸종에 직면하고 있다.

He spoke (meaningless) gibberish.

그는 (의미없는) 횡설수설을 했다.

The student studied hard to (measure up to ▶ meet) her parents' expectation.

그 학생은 부모님의 기대에 부응하기 위해 열심히 공부했다.

Engineers should know the (mechanical) mechanism of the machine.

엔지니어들은 (기계와 관련된) 기계의 구조를 알아야 한다.

He left a (memorandum ➡ memo 또는 note).

그는 메모를 남겼다.

The handicapped person has the (mental) ability to climb the mountain.

그 장애인은 등산을 할 (정신적인) 능력을 가지고 있다.

I felt (mental) telepathy with her.

나는 그녀와 (정신적인) 텔레파시가 통했다.

The two companies will merge (into one).

그 두 회사는 (하나로) 합병할 것이다.

The three units will merge (together).

그 세 부서는 (함께) 통합될 것이다.

You should know the (methodology ➡ method).

너는 그 방법을 알아야 한다.

The (metropolis ➡ city) is full of ancient buildings.

그 도시는 고대 건물들로 가득 차 있다.

Many strangers mingled (together).

많은 낯선 사람들이 (함께) 어우러졌다.

You must explain the situation in (minute) detail.

너는 그 상황을 (극히) 상세하게 설명해야 한다.

Mix (and mingle) the liquids.

그 액체들을 (섞고) 섞어라.

Water and oil do not mix (together).

물과 기름은 (함께) 섞이지 않는다.

The (motion picture ■▷ movie) was popular in the 1960s.

그 영화는 1960년대에 유행했다.

Manager Hong Myung-bo's leadership was the (driving force ■▷ impetus) behind the Korean soccer team's winning a bronze medal in the London Olympics in 2012.

홍명보 감독의 리더십은 2012년 런던올림픽에서 한국 축구대표팀이 동메달을 따내는 원동력이었다.

The (mutual) agreement between Korea and the United States will become effective starting in 2016.

한국과 미국 간의 그 (상호) 합의는 2016년에 효력을 발휘하게 될 것이다.

(Mutual) communication is necessary between the President and the Cabinet.

대통령과 내각 간의 (상호) 의사소통이 필요하다.

Korea and Ethiopia fostered (mutual) friendship during the Korean War (1950~1953).

한국과 에티오피아는 한국 전쟁(1950~1953) 당시 (상호) 우호 관계를 촉진시켰다.

(Mutual) understanding is necessary for starting a business.

(상호) 이해는 사업을 시작하는 데 필요하다.

President Park Geun-hye named the former general (as) the defense minister

박근혜 대통령이 전직 장군을 국방부장관으로 임명했다.

The project is (necessarily) essential.

그 프로젝트는 (반드시) 필수적이다.

Getting a high score in the TOEFL is (necessarily) prerequisite for landing an excellent job in Korea.

토플에서 고득점을 얻는 것은 한국에서 좋은 일자리를 얻는 데 (반드시) 필수적이다.

Carrying an identification card is a (necessary) requirement.

ID 카드를 지니고 다니는 것은 (필수적인) 필요 조건이다.

Two months of training is a (necessary) requisite.

2개월간 훈련을 하는 것은 (필수적인) 필요 요건이다.

Seoul (necessitated ▶ demanded) Tokyo's apology.

한국은 일본의 사과를 요구했다.

She found a (brand new ➡ new) baby on the corner of the street.

그녀는 그 거리의 구석에서 (완전히 새로운 ➡ 새로운) 아기를 발견했다.

(New) construction will begin Monday.

(새로운) 건설은 월요일에 시작될 것이다.

The sculpture is a (new) creation.

그 조각은 (새로운) 창조물이다.

Would you tell me your (new) departure time?

(새로운) 출발 시간을 나에게 말해 주시겠어요?

What's his (new) innovation?

그의 (새로운) 혁신이란 무엇인가요?

Korea set a (new) record.

한국은 (새) 기록을 달성했다.

He is a (new) recruit.

그는 (새로운) 신병이다.

His claim (has no basis ➡ is baseless).

그의 주장은 근거가 없다.

He forwarded a (notation ➡ memo 또는 note) to his boss.

그는 사장에게 메모를 전달했다.

He is (the number-one man ▬▶ the president) of the university.

그는 이 대학의 총장이다.

The new CEO started (official business ▬▶ business).

그 새 CEO는 (공식적인 업무 ▬▶ 업무)를 시작했다.

Exports are (on the rise ▬▶ booming).

수출이 호황이다.

The ship was (on the verge of sinking ▬▶ about to sink).

그 배는 침몰하기 직전이다.

His action is (open to doubt ▬▶ arguable).

그의 행동은 의심스럽다.

The ship became (operational ▬▶ active).

그 배는 가동되었다.

This is the (optimal product ▬▶ best product).

이것은 최고의 상품이다.

The sick dog became (activity-oriented ▬▶ active).

이 아픈 개는 활발해졌다.

Who is the (original creator ▬▶ creator) of the smartphone?

누가 이 스마트폰의 (본래 창조자 ▬▶ 창조자)인가?

James is the (original founder ➡ founder) of the school.

제임스는 이 학교의 (최초의 설립자 ➡ 설립자)이다.

Hangeul is the (original invention ➡ invention) of the King Sejong the Great.

한글은 세종대왕의 (최초의 발명 ➡ 발명)이다.

The political commentator is the (original source ➡ source) of the gossip.

이 정치적 논평가는 그 소문의 (본래의 근원 ➡ 근원)이다.

South Korea is the (origination ➡ origin) of Hallyu (the Korean Wave).

한국은 한류의 근원이다.

The committee (is out of favor of ➡ disapproves 또는 disfavors) the project.

그 위원회는 그 사업을 승인하지 않는다.

The picture (is out of focus ➡ is blurred 또는 is indistinct).

이 그림은 흐릿하다.

The (overall outlook ➡ overview) of the landscape is beautiful.

그 경치의 (전반적인 전망은 ➡ 전망은) 아름답다.

The politician (overexaggerated ➡ exaggerated) the scandal.

그 정치인은 그 의혹을 (지나치게 과장했다 ➡ 과장했다).

The (overwhelming) consensus of the students is that the test was difficult.
그 학생들의 (압도적인) 합의는 그 시험이 어려웠다는 것이다.

She (packed together ➡ packed) her souvenirs.
그녀는 기념품을 (함께 포장했다 ➡ 포장했다).

The (parameters ➡ boundary 또는 limit) of the compound ends here.
이 지역의 경계는 여기서 끝난다.

Tax hikes are (part and parcel ➡ part) of the measures for slashing government debt.
세금 인상은 정부 부채 삭감을 위한 방안의 (중요 부분 ➡ 부분)이다.

Don't (pass judgement on ➡ judge) her by her appearance.
외모로 그녀를 판단하지 마라.

The technician found defects in the machinery owing to his (past) experience.
그 기술자는 (과거) 경험으로 인해 그 기계의 결함을 발견했다.

(Past) history shows that King Yeongjo recruited highly talented people from all social classes.
(과거) 역사는 영조 왕이 모든 계층에서 매우 유능한 사람들을 등용했다는 것을 보여 준다.

The golfer's (past) performance indicates that she may win the LPGA title next year.

그 골프 선수의 (과거) 성적은 그녀가 내년에 LPGA 타이틀을 획득할 수 있다는 것을 보여 준다.

The player is in good physical shape thanks to his (past) hard training.

그 선수는 (과거) 고된 훈련 덕분에 좋은 신체 상태를 갖고 있나.

There is no such (past) precedent.

그러한 (과거) 전례가 없다.

The (past) record shows that he will pass this year's test.

그 (예전) 기록은 그가 금년도 시험에 통과할 것을 보여 준다.

Park Geun-hye won 51.6 percent of the electorate, about 3 (percentage) points ahead of liberal candidate Moon Jae-in.

박근혜는 유권자의 51.6%를 얻었는데, 이는 진보 진영의 문재인 후보에 3 (퍼센트) 포인트 앞서는 것이다.

The (periodical ➡ periodic) rain annoys the vacationer.

정기적인 비가 행락객을 계속 괴롭힌다.

The government will (permit ➡ let) the gold medal winner (to) get a military exemption.

정부는 그 금메달 수상자에게 병역 면제 혜택을 재공할 것이다.

This is my (personal) belief.

이것은 내 (개인적인) 믿음이다.

His statement comes from his (personal) bias.

그의 진술은 (개인적인) 편견에서 나온 것이다.

The actor has (personal) charm.

그 배우는 (개인적인) 매력이 있다.

The loser vented his (personal) feelings.

그 실패자는 자신의 (개인적인) 느낌을 털어놓았다.

They have developed their (personal) friendship since childhood.

그들은 유년기 이후 (개인적인) 우정을 다져왔다.

They have maintained a good (personal) rapport.

그들은 좋은 (개인적인) 신뢰를 유지하고 있다.

Would you tell me your (PIN number ■▷ PIN)?

당신의 개인 식별 번호를 내게 말해주시겠어요?

* PIN: Personal Identification Number 개인 식별 번호

The artist (puts a premium on ■▷ cherishes 또는 appreciates) her sculpture.

그 예술가는 그녀의 조각품을 (특별히 중요하게 여긴다 ■▷ 소중히 한다).

The military started (a plan of action ■▷ an attack).

군은 (행동 계획 ■▷ 공격)을 개시했다.

Where is your (point of departure ➡ starting point)?

당신의 출발점은 어디인가요?

His remark is (a polite euphemism ➡ an euphemism).

그의 발언은 (정중한) 완곡어법이다.

The (popular) consensus is the minister should step down.

그 (일반적인) 합의는 그 각료가 물러나야 한다는 것이다.

I got a (position ➡ job) at a multinational company.

나는 다국적 회사에 일자리를 얻었다.

The messenger received (positive assurance ➡ assurance).

그 메신저는 (확신하는 장담 ➡ 장담)을 받았다.

He showed his (positive feelings for ➡ admiration of) the lady.

그는 그 숙녀에게 (긍정적인 감정을 ➡ 호감을) 보였다.

The players demonstrated their full (potentiality ➡ potential).

그 선수들은 최고의 잠재력을 선보였다.

Due to the (pouring rain ➡ rain), Seoul City cancelled the outdoor festival.

(쏟아지는 폭우 ➡ 폭우) 때문에 서울시는 야외 축제를 취소했다.

The pollsters (predicted ahead of time ➡ predicted) the winner.

그 여론 조사 요원들은 승자를 (미리 예측했다 ➡ 예측했다).

He bought (premises ■▷ a building).

그는 건물을 매입했다.

The prime minister (prioritized ■▷ ranked) the tasks.

총리는 과업들에 순위를 매겼다.

There is a (probability ■▷ chance 또는 likelihood) that your lost child will return home soon.

당신의 잃어버린 아이가 곧 집에 돌아올 가능성이 있다.

Samsung's (profitability ■▷ profit) jumped by double-digits.

삼성의 수익이 두 자릿수로 뛰었다.

The signboard (protrudes out ■▷ protrudes) from the main office.

그 표지판은 본사에서 튀어나와 있다.

Whether he will return home is (a question mark ■▷ a puzzle 또는 a mystery).

그가 집에 돌아올지 안 올지는 미스터리다.

He (radiates out ■▷ radiates) masculine appeal.

그는 남성미를 물씬 풍긴다.

There is no (rationale ■▷ reason) that the couple will get divorced.

그 커플이 이혼할 이유는 없다.

Bulldozers (razed to the ground ➡ razed) the structure.

불도저들은 그 구조물을 무너뜨렸다.

The ball (rebounded back ➡ rebounded).

그 공이 다시 튀어올랐다.

The victim (recalled back ➡ recalled) the tragedy.

그 희생자는 그 비극을 회상했다.

His hairline (receded back ➡ receded).

그의 머리가 벗어졌다.

Please tell me when you (receive back ➡ receive) the gift.

네가 언제 그 선물을 받는지 말해다오.

Don't (recite back ➡ recite) the song.

그 노래를 암송하지 마라.

The golfers should (recoil back ➡ recoil) their upper body on their backswing.

그 골프 선수들은 백스윙할 때 상체를 반동시켜야 한다.

Korea sets (a record-breaking ➡ a record).

한국은 새 기록을 달성했다.

The (record-high ➡ record) temperatures annoy the people.

기록적인 온도가 사람들을 괴롭히고 있다.

The (record-setting ➡ record) performance awed the audience.

그 기록적인 공연은 관객들로 하여금 경외감을 불러일으켰다.

The National Assembly (reduced down ➡ reduced) the budget.

국회는 예산을 축소했다.

I will (refer back ➡ refer) to you after the holiday.

나는 휴일 이후 너를 (다시 부를 ➡ 부를) 것이다.

When I (reflect back ➡ reflect) on the event, I still feel a great joy.

내가 그 일을 (다시 돌이켜 보니 ➡ 돌이켜 보니) 여전히 크게 기쁘다.

The plan (regressed back ➡ regressed).

그 계획은 예전 상태로 (다시 되돌아갔다 ➡ 되돌아갔다).

It is (a regular routine ➡ routine) to visit hometowns during Christmas.

크리스마스에 고향을 방문하는 것은 (정기적인 일상 ➡ 일상)이다.

The lyric song is a (relic of the past ➡ relic).

그 가곡은 (과거의 유물 ➡ 유물)이다.

The old historian (reminisces about the past ➡ reminisces).

그 나이 든 사학자가 (과거에 대해 추억하고 있다 ➡ 추억에 잠겨 있다).

Please check whether you received (my remittance ➡ the cash).

네가 (송금 ➡ 돈)을 받았는지 어떤지 확인해라.

The UN will (render assistance to ■▷ aid) the tsunami-hit Fujushima Prefecture.
유엔은 쓰나미로 피해를 입은 도쿠시마 현을 (지원해줄 ■▷ 지원할) 것이다.

The prisoners of war were (repatriated back ■▷ repatriated) to South Korea.
전쟁 포로들은 한국으로 (다시 송환되었다 ■▷ 송환되었다).

Don't (repeat again 또는 repeat back ■▷ repeat) the mistake.
그 실수를 (다시 반복하지 ■▷ 반복하지) 마라.

The police could not detect any (residual trace ■▷ trace) of the crime.
경찰은 그 범죄의 (남은 흔적 ■▷ 흔적)을 감지할 수 없었다.

This is my (rough sketch ■▷ sketch) of the program.
이것이 이 프로그램의 (개략적인 스케치 ■▷ 스케치)이다.

Smoking after lunch is his (routine procedure ■▷ routine).
점심식사 후 흡연은 그의 (일과 절차 ■▷ 일과)이다.

Switzerland is no longer a (safe haven ■▷ haven) for tax dodgers.
스위스는 더 이상 탈세자들에게 (안전한 피난처 ■▷ 피난처)가 아니다.

The 60-year-old man is a (seasoned veteran ■▷ veteran).
그 60세 남성은 (경험 많은 전문가 ■▷ 전문가)이다.

The boss does not know (separate individuals ➡ individuals).

그 사장은 (개별적인 개인 ➡ 개개인)을 알지 못한다.

The man is (seriously addicted ➡ addicted).

그 남자는 (심각하게 중독된 상태 ➡ 중독된 상태)이다.

The man is a (skilled craftsman ➡ craftsman).

그 남자는 (숙련된 장인 ➡ 장인)이다.

No one detected a (small particle ➡ particle) of the blood stain.

아무도 (작은 티끌만큼의 ➡ 티끌만큼의) 핏자국을 발견하지 못했다.

The African boy was (starved to death ➡ starved).

그 아프리카 소년은 굶어 죽었다.

The young lady was (strangled to death ➡ strangled).

그 젊은 숙녀는 교살당했다.

The criminal was given a (temporary reprieve ➡ reprieve).

그 범죄자는 (일시적인 집행유예 ➡ 집행유예)를 받았다.

The stimulus plan is a (temporary stopgap ➡ stopgap).

그 경기부양책은 (일시적인 미봉책 ➡ 미봉책)이다.

The mechanic is (a trained expert ➡ an expert).

그 기계공은 (숙련된 전문가 ➡ 전문가)이다.

I am (unaccustomed to ➡ unused to) the style.

나는 그 스타일에 익숙하지 않은 상태이다.

There is no (universal panacea ➡ panacea) for the disease.

(보편적인 만병통치약 ➡ 만병통치약)이란 없다.

He lost (valuable assets ➡ assets).

그는 (귀중한 자산을 ➡ 자산을) 잃었다.

This is (an advantage point ➡ an advantage) for the tennis player.

이것은 그 테니스 선수에게 유리한 상황이다.

(A violent explosion ➡ An explosion) took place outside a Korean restaurant in Manila.

(한 격렬한 폭발이 ➡ 한 폭발이) 마닐라의 한국 레스토랑 밖에서 발생했다.

A smartphone is a (vital necessity ➡ necessity) now.

스마트폰은 이제 (대단히 중요한 필수품 ➡ 필수품)이다.

When the (weather condition ➡ weather) is good, I will go hiking.

(날씨 상태가 ➡ 날씨가) 좋으면 나는 하이킹을 갈 것이다.

She became a (widow woman ➡ widow).

그녀는 (미망인 여성이 ➡ 미망인이) 되었다.

The (x-ray photograph ➡ x-ray) shows that his lung is not healthy.

그 (엑스레이 사진은 ➡ 엑스레이는) 그의 폐가 건강하지 않다는 것을 보여 준다.

exercise

* 1~10 다음 문장에서 간결하게 나타낼 수 있는 표현을 찾아 고쳐 보자. (빨간색은 힌트)

1. The structure was welded together.
그 구조는 결합되었다.

▶ _____

2. This is my place of business.
이것은 내 직장이다.

▶ _____

3. Do not trifle with trivial details.
세세한 것들을 하찮게 보지 마라.

▶ _____

4. It is an established fact that he is a heavy drinker.
그가 술고래라는 것은 사실이다.

▶ _____

5. As a result, dinosaurs, which dominated the planet, disappeared.
결과적으로 지구를 지배했던 공룡이 사라졌다.

▶ _____

6. At no time, should there be any slack in your backswing.
골프의 백스윙에서 어떠한 느슨함도 없어야 한다.

▶ _____

7. The final outcome will be determined in a third round of voting in January.

그 결과는 1월에 세 차례의 투표로 결정될 것이다.

▶ _____

8. Acknowledgement and reconciliation on the basis of honesty and trust are thought to be essential prerequisites.

정직함과 진실함을 바탕으로 한 인정과 화해는 필요 조건으로 간주된다.

▶ _____

9. Classes in English, Chinese and Japanese are available, but an advance reservation is needed.

영어, 중국어, 일본어 강좌를 이용할 수 있지만 사전 예약이 필요하다.

▶ _____

10. After the conclusion of the Korean-American treaty, King Gojong made efforts to bring in American advisers and experts.

한미우호조약이 체결된 후 고종 황제는 미국 자문단과 전문가를 초청하려고 노력했다.

▶ _____

answers

1. ▶ The structure was (welded together ▶ welded).

2. ▶ This is my (place of business ▶ workplace).

3. ▶ Do not trifle with (trivial details ▶ details).

4. ▶ It is (an established fact ▶ a fact) that he is a heavy drinker.

5. ▶ (As a result, ▶ Consequently,) dinosaurs, which dominated the planet, disappeared.

6. ▶ (At no time ▶ Never) should there be any slack in your backswing.

7. ▶ The (final) outcome will be determined in a third round of voting in January.

8. ▶ Acknowledgement and reconciliation on the basis of honesty and trust are thought to be (essential) prerequisites.

9. ▶ Classes in English, Chinese and Japanese are available, but (an advance reservation ▶ a reservation) is needed.

10. ▶ (After the conclusion of ▶ Following) the Korean-American treaty, King Gojong made efforts to bring in American advisers and experts.

chapter 4

영작에 필요한 상식

영작에 필요한 상식 10가지

1. 지시 대명사(Demonstrative Pronoun)를 명확하게 사용한다.
2. to 부정사 사이에는 부사를 넣지 않는 것이 원칙이다.
3. other, both, new는 불필요할 때가 많다.
4. see의 남용에 주의한다.
5. couple은 단수인가 복수인가?
6. 동의어 반복(Tautology)이란?
7. 성차별적인 표현을 자제한다.
8. 장애인을 배려하는 표현을 사용한다.
9. FANBOYS(for, and, nor, but, or, yet, so) 앞에 문장이 있을 경우 콤마(,)를 사용한다.
10. 영어 단어도 좋은 단어와 나쁜 단어가 있다.

1. 지시 대명사(Demonstrative Pronoun)를 명확하게 사용한다

Many experts, including Kim Jeong-ryeol, president of the Korea Association of Foreign Languages Education, caution that the exam will be another burden for students. If not implemented carefully, (it ➡ the test) may just add to the already soaring tutoring costs for English language education.

외국어교육연합회 김종렬 회장을 포함해 많은 전문가들은 이 시험 제도가 학생들에게 또 하나의 부담이 될 수 있다고 경고했다. 만약 조심스럽게 시행되지 않으면 사교육비가 급증할 수 있다고 한다.

⟫⟫⟫ 이 문장에서 it이 무엇을 지칭하는지 한눈에 들어오지 않는다. 따라서 구체적으로 the test로 지칭해 줄 필요가 있다.

2. to 부정사 사이에는 부사를 넣지 않는 것이 원칙이다

to와 동사(verb)가 함께 붙어 다니며 그 사이에는 부사를 넣지 않는 게 원칙이다. 최근 이 원칙이 별 의미가 없다는 주장이 확산되고 있는데, 문법의 purity에 의해 이 원칙이 고수되어야 한다.

To really understand what happened, we must look at the scene.
무슨 일이 벌어졌는지 실제로 알기 위해 우리는 현장을 봐야 한다.

➡ To understand what really happened, we must look at the scene.

The professor was unable to properly explain the theory.

그 교수는 그 이론을 제대로 설명할 수 없었다.

▸ The professor was unable to explain the theory properly.

»»» 위 두 문장은 메시지 전달에 큰 차이는 없다. 다만 원 영문법의 원칙을 지키는 노력이 필요하다.

3. other, both, new는 불필요할 때가 많다

A four-car crash killed two people and fatally injured four (others) in Suwon, Monday.

월요일 수원에서 발생한 4중 충돌 사고로 2명이 사망하고 4명이 치명적인 중상을 입었다.

(Both) Yonsei University and Korea University hold a sports competition each year.

연세대와 고려대는 매년 스포츠 경기를 벌인다.

My husband bought a (brand) new car.

남편은 새 차를 구입했다.

4. see의 남용에 주의한다

see(보다)를 잘못 사용하는 경우가 흔하다.

February saw the inauguration of Park Geun-hye as the President of the Republic of Korea.
2월에 박근혜 대통령이 취임했다.
»»» February 등 보통 명사가 눈(eye)이 있는 것으로 혼동하여 'inauguration (취임식)을 보다(saw)'를 사용했다. 보통 명사가 주어일 경우 다음에 동사 see를 사용하지 않는다. 따라서
■▶ **Park Geun-hye took the oath of office in February as the President of the Republic of Korea.**로 써야 한다.

December saw the passage of the budget at the National Assembly.
12월에 국회에서 예산안이 통과되었다.
■▶ **The National Assembly passed the budget in December.**
12월 국회는 예산안을 통과시켰다.

---

5. couple은 단수인가 복수인가

The couple은 집합 명사(collective noun)이니 원칙적으로는 단수이다. 그러나 couple은 두 사람을 지칭하므로 원칙적으로 복수로 사용한다.

A couple were rescued from the fire.

한 커플이 화재에서 구조되었다.

The couple are going on honeymoon next week.

그 커플은 다음 주 신혼여행을 갈 예정이다.

같은 이치로 family도 가족이 여러 명임을 지칭하니 복수를 쓴다.

문법책에서 collective noun은 단수로 쓰지만 couple과 family는 예외이다. 단수를 쓰는 collective noun을 보면 The audience is, The class is, The club is, The committee is 등이다. 다만 audience members, class members, club members, committee members는 복수이다.

6. 동의어 반복(Tautology)이란

명백한 동의어를 반복 사용하여 문장이 군더더기가 생기는 것을 말한다.

207 people died in the airplane tragedy.

207명이 비행기 참사로 사망했다.

➡ 207 people died in the airplane crash.

〉〉〉〉 207명이 비행기 추락에서 사망한 것은 그 자체가 비극이다.

> **A huge fire** demolished a $100 million plant outside Seoul.
> 한 대형 화재가 서울 외곽의 1억 달러에 달하는 공장을 무너뜨렸다.
>
> »»» 1억 달러에 상당하는 공장에 화마가 덮친 것은 huge fire임에 틀림없다. 따라서
>
> ▶ **A fire** demolished a $100 million plant outside Seoul.이다. huge는 redundant하다.

다음은 대표적인 예들이다.

wordy ▶▶	better	뜻
abolish altogether	abolish	폐지하다
absolute truth	truth	진실
equally as good as	as good as	~만큼 좋은
first became	became	되었다
first found	found	발견된
first learned	learned	배운
four-day period	four days	4일
future plan	plan	계획
future potential	potential	잠재력
future prospects	prospects	전망
He himself	he	그
I myself	I	나
I personally	I	나
in actual fact	in fact	사실은

lonely hermit	hermit	은둔자
mental anguish	anguish	번민
patently obvious	obvious	분명한
pre-arranged	arranged	예정된
pre-booked	booked	사전 예약된
serious danger	danger	위험
seven different countries	seven countries	7개 국가
invited guest	guest	손님
blue in color	blue	푸른
four acres of land (acres는 땅을 의미)	four acres	4에이커

* 문장의 군더더기를 줄이는 예시는 이 책의 마지막에 실린 부록의 '간결한 영어 표현'에 소개되어 있다. 책 표지의 QR 코드로도 확인할 수 있다.

7. 성차별적인 표현을 자제한다

은연 중에 남녀를 비하하는 표현에 주의해야 한다.

the common man(보통 남자) ▶ the average person(보통 사람)

female 또는 male이라는 표현 사용을 자제한 예를 들어 보자.

A female prosecutor who received luxury items from a lawyer last year in exchange for peddling her influence was found not guilty Thursday by an appellate court.

영향력 행사를 조건으로 변호사로부터 명품을 받은 여자 검사가, 목요일 상고법원으로부터 무죄 선고를 받았다.

»»» 여기서 female prosecutor가 중요한 것이 아니다. 검사가 대가성으로 명품을 받았다는 게 요지이기 때문에 성별을 밝히는 것은 인권침해 소지가 있다.

▶ An appellate court Thursday found a prosecutor, who received luxury items from a lawyer last year in exchange for influencing legal cases, not guilty of bribery.

목요일에 상고법원은 영향력을 대가로 변호사로부터 명품을 받은 검사에 대해 무죄를 선고했다.

8. 장애인을 배려하는 표현을 사용한다

the handicapped 혹은 the disabled를 the physically challenged로 the blind를 the visibly challenged(impaired)로, the deaf를 the audibly challenged 혹은 a hearing-impaired person으로, those with legs amputated를 those with an artificial leg로 한다. 장애인올림픽을 the Paralympics(신체적 장애인 올림픽), the Special Olympics(지적 장애인 올림픽)로 표현한다. 이른바 길치(길의 방향을 잘 못 찾는 사람)를 the directionally challenged로 쓰는 우스개 용어가 있다.

9. FANBOYS(for, and, nor, but, or, yet, so) 앞에 문장이 있을 경우 콤마(,)를 사용한다

FANBOYS란 for, and, nor, but, or, yet, so의 첫 철자(spelling)를 합친 것이다. 이 단어로 2개의 완전히 독립된 문장(sentence)를 연결할 경우 이 단어 앞에 콤마(,)를 쓰는 것을 원칙으로 한다.

King Kojong renamed the nation the Daehan Empire, and tried to protect it while residing at Deoksu Palace, but his efforts were in vain, and he was forced by Japan to abdicate the throne to his son.

고종 황제는 조선을 대한제국이라고 명명하였으며, 나라를 지키려 했다. 또한 덕수궁에서 기거하려 했으나, 이런 그의 노력은 수포로 돌아갔다. 그리고 일본으로부터 왕위를 아들에게 양위하라는 압력을 받았다.

》》》》 for, and, nor, but, or, yet, so 등으로 독립 문장이 연결될 때는 콤마를 앞에 써야 한다. 이 7개 전치사의 첫 단어를 합쳐 FANBOYS라 한다.

10. 영어 단어도 좋은 단어와 나쁜 단어가 있다

나쁜 단어란 라틴어에서 뿌리를 둔 단어(borrowed Latin words)와 implementation (시행), orientation(방향, 지향), dedication(헌신) 등의 개념 명사(Concept words)이다.

The Korea Customs Service announced the implementation of the ban on imports of fish and mango from Fukushima Prefecture in Japan in its dedication to taking precautionary steps to protect local consumers from radiation-contaminated food items.
관세청은 국내 소비자들을 보호하기 위해 방사능에 오염된 식품들에 대한 사전 조치를 취하려는 노력으로 일본 후쿠시마 현에서 생산된 생선과 망고의 수입 금지를 실시한다고 발표했다.

▶ The Korea Customs Service announced a ban on imports of fish and mango from Fukushima Prefecture in Japan to take precautionary steps to protect local consumers from the radioaction-contaminated food items.

〉〉〉〉 위의 문장에서 announced the implementation of the ban을 announced the ban으로, in its dedication to taking precautionary steps에서 to take precautionary steps로 해도 된다. 즉 implementation이나 dedication 등의 개념 명사는 큰 의미가 없는 단어이다. 이 정도를 이해하면 영작의 최고수라 할 수 있다.

exercise

1. 다음 문장에서 간결하게 나타낼 수 있는 부분이 있다면 고쳐 보자.

The manager of the bank decided to give a big loan to the businessman.

그 은행지점장이 기업인에게 거액 대출을 결정했다.

▶ _____

2. 다음 문장에서 꼭 수정해야 할 지시 대명사는?

North's Jung Dae-se and South's Park Ji-sung leapt to international fame at the 2010 South Africa World Cup. Jung shed tears when the national anthem was played.

북한의 정대세와 남한의 박지성 선수는 2010년 남아프리카 월드컵에서 국제적인 반열에 올랐다. 정 선수는 애국가가 울려 퍼질 때 눈물을 보였다.

▶ _____

3. 다음 문장에서 영문법에 어긋나는 것을 지적하면?

Jung Dae-se promised to actively and enthusiastically play for Suwon Blue Wings.

정대세 선수는 수원 블루윙스를 위해 활발하면서도 열정적으로 뛸 것을 약속했다.

▶ _____

4. 다음 문장에서 불필요한 단어 하나는?

Both Park Ji-sung and Jong Dae-se played well in the World Cup.

박지성 선수와 정대세 선수 둘 다 이번 월드컵에서 잘 뛰었다.

▶ _____

5. 다음 문장에서 틀린 점을 지적하면? 다시 영작하면?

Spring saw the opening of the baseball season.

봄은 야구 시즌의 개막을 보았다.

영작에 필요한 상식 123

exercise

▶
_____

6. 다음 문장에서 틀린 것은?

The family was rescued from the explosion.

그 가족은 폭발에서 구조되었다.

▶
_____

7. 다음 문장에서 불필요한 단어는?

The mayor told the absolute truth.

그 시장은 절대적인 진실을 언급했다.

▶
_____

8. 다음 문장에서 불필요한 단어는?

Female President Park Geun-hye vowed to honor her campaign pledges.

여성인 박근혜 대통령은 선거공약을 이행할 것을 약속했다.

▶
_____

9. 다음 문장을 장애인을 배려하는 표현으로 고치면?

The blind person was hit by a car.

그 시각 장애인은 차에 치였다.

▶
_____

10. 다음 문장에서 콤마(,)가 들어가야 할 부분은?

Chocolate and candy are bad for the teeth but parents can't totally block them from children.

초콜릿과 사탕은 치아에 좋지 않지만 부모들은 그것에서 아이들을 완전히 지켜내지 못한다.

▶
_____

answers

1. ▶ **The bank manager** decided to give a big loan to the businessman.
 ≫ The president of Samsung Electronics, the owner of the house 등을 The Samsung Electronics president, the house owner로 고치면 훨씬 문장이 간결해진다.

2. ▶ Jung Dae-se and Park Ji-sung leapt to international fame at the 2010 South Africa World Cup. Chung shed tears when **North Korea's national anthem** was played.
 ≫ 정대세는 북한 대표로, 박지성은 남한 대표로 2010년 월드컵에서 활약했다. 원문에서 정 선수가 South Korean인지 North Korean인지 모르는 세계 축구팬이 많다. 따라서 정 선수가 South Korea's national anthem, 혹은 North Korea's national anthem이 연주될 때 눈물을 흘렸는지를 명확히 해야 한다.

3. ▶ Jong Dae-se promised **to play actively and enthusiastically** for Suwon Blue Wings.
 ≫ to 부정사 사이에는 부사를 넣지 않는 것이 좋다.

4. ▶ **Both**이다.
 ≫ both, new, other 등은 불필요할 때가 많다.

5. ▶ **The baseball season starts in spring.**
 ≫ 보통 명사가 주어일 경우 see를 동사로 사용해서는 안 된다.

6. ▶ **The family**는 여러 사람이니까, 복수 **were**가 맞다.
 ≫ family와 couple은 집합 명사이니 기술적으로는 단수이다. 그러나 couple이나 family는 두 사람 이상이니 원칙적으로 복수로 사용한다.

영작에 필요한 상식

answers

7. ▶ absolute이다.

〉〉〉〉 truth는 절대적(absolute)이므로 굳이 absolute를 쓸 필요가 없다.

8. ▶ Female이다.

〉〉〉〉 대한민국 대통령 박근혜이지 여성이나 남성이냐를 적시하는 것은 일종의 성차별의 뉘앙스를 준다.

9. ▶ The visibly impaired person was hit by a car.

10. ▶ but 앞이다.

〉〉〉〉 FANBOYS(for, and, neither, but, or, yet, so) 등이 나오고 독립된 문장의 접속이면 이 등위 접속사 앞에 콤마를 사용한다.

chapter 5

초·중급자에 필요한 writing tool

초·중급자에 필요한 10가지 writing tool

❶ 문장은 주어와 동사로 시작한다.
❷ 동사만 잘 선택하면 문장 구성이 절반은 된 것이다.
❸ 짧은 단어, 짧은 문장을 사용한다.
❹ 사용한 단어가 꼭 필요한지 확인한다.
❺ 진행형 문장을 사용할 때 주의한다.
❻ 구체적이어야 한다.
❼ 형용사 사용을 최대한 자제한다.
❽ 부사 사용을 자제한다. 부사를 사용하는 경우는 동사의 의미를 바꾸려 할 때이다.
❾ 누구에게 쓰는 것인지를 확실히 해야 한다.
❿ 수동태 사용을 원칙적으로 자제한다.

이 장에 나오는 10가지 tools를 모두 사용하면 상급자이고, 적게 사용하면 초급자라고 할 수 있다. 여기에서는 소개된 주제 하나를 가지고 10가지로 표현할 수 있음을 알 수 있다.

1. 문장은 주어와 동사로 시작한다

There are also efforts to prevent the infiltration of Japanese food materials contaminated with radiation as a primary preventive measure against the spread of radioactive pollutions.
방사능 오염의 확산에 대한 주요 방지책으로, 일본에서 수입되는 방사능 오염 음식의 침입을 막으려는 노력이 또한 있다.

➡ <u>The Korean government</u> <u>plans</u> to block the influx of radioactive food materials from Japan.
　　　S　　　　　　　　　V

〉〉〉〉 There is(are)나 It is 등으로 시작하는 문장은 사용하지 않는 게 좋다. 구체적으로 주어를 The Korean government 등으로 선택하면 문장이 명확해진다.

2. 동사만 잘 선택하면 문장 구성이 절반은 된 것이다

Customs officers have begun to inspect whether imported Japanese food items are contaminated with radiation.

세관원들은 수입된 일본 식품들이 방사능에 오염된 것인지 검사하기 시작했다.

》》》》 앞 문장에서 사용한 동사 prevent나 block 대신 inspect를 사용하여 문장을 변형시켜 보았다.

3. 짧은 단어, 짧은 문장을 사용한다

Customs officers have begun to test whether imported Japanese food items are contaminated with radiation.

》》》》 inspect보다 더 짧은 단어 test를 사용했다. 전문적 용어보다 상식적으로 이해 가능한 단어를 사용하는 것이 좋다.

Korean customs officers started checking radiation-contamination of imported Japanese food items. They took the measure for Korean consumers.

국내 세관원들은 수입된 일본 식품들의 방사능 오염 여부를 확인하기 시작했다. 이들은 국내 소비자들을 위해 이 같은 조치를 실시했다.

》》》》 긴 한 문장을 2개의 단문으로 처리해 보다 명료하게 나타낼 수 있다.

4. 사용한 단어가 꼭 필요한지 확인한다

The Korea Customs Service blocked the entry of fish and mango from Fukushima Prefecture in Japan. The agency took the measure for (Korean) consumers.

국내 세관원들은 일본의 후쿠시마산 생선과 망고의 유입을 차단했다. 세관은 국내 소비자들을 위해 이 같은 조치를 취했다.

〉〉〉〉 위의 문장에서 The Korea Customs Service가 수입을 금지하면 이는 Korean consumers를 위한 것이다. The agency took the measure for Korean consumers.에서 Korean consumers는 consumers로 해도 된다. 즉 Korean은 문장 상 큰 의미가 없으니 삭제하는 것이 좋다.

5. 진행형 문장을 사용할 때 주의한다

The government (is planning ▶ plans) to introduce measures to ban imports of Japanese fish contaminated with radiation.

일본의 방사능 오염 고기에 대해 수입 금지 조치를 취할 예정이다.

〉〉〉〉 진행형 문장이 꼭 필요한지 점검할 필요가 있다.

6. 구체적이어야 한다

> **Korean customs officers started checking the radiation-contamination of fish and mango that are imported from Fukushima Prefecture in Japan.**
>
> 국내 세관원들은 일본 후쿠시마현에서 수입된 생선과 망고의 방사능 오염 여부를 확인하기 시작했다.
>
> »»» Food items을 fish and mango 등으로 구체적 표현한다. Imported from Japan을 imported from Fukushima Prefecture in Japan 등으로 구체적 설명을 하면 문장이 더욱 명료해진다.

7. 형용사 사용을 최대한 자제한다

시사 영작에서 형용사를 사용하면 주관적 내용이 포함되어 메시지의 요점을 흐리게 할 수 있으므로 피해야 한다.

> **Police arrested a beautiful woman for drunk driving.**
>
> 경찰이 음주 운전을 한 아름다운 여성을 체포했다.
>
> »»» 위 문장에서 beautiful의 기준이 무엇인지가 주관적이다. 경찰이 음주 운전 여성을 체포한 게 요지이지 beautiful woman이 요지가 아니다.

A handsome, young union member demanded revising a collective bargaining agreement.

잘생긴, 젊은 노조원이 단체협약권 개정을 요구했다.

»»»» 이 메시지의 요지는 a union member가 collective bargaining accord를 개정 요구한 것이다. handsome은 어느 기준인지 분명하지 않다. young도 없애는 것이 좋다. 젊은 노조원이 중요한 게 아니고 a union member가 중요한 주어이다. 여기서 young이 포함되면 old union member는 단체협상권 개정을 원하지 않는다는 뉘앙스가 있다.

Customs officers started the excessive radiation test of imported Japanese food items.

세관원들은 수입된 일본 식품들의 과도한 방사능에 대한 검사를 실시하기 시작했다.

»»»» 위 예문에서도 excessive는 불필요하다. radiation test를 하는 것은 방사능이 과도한지 여부를 확인하려는 것이기 때문이다.

8. 부사 사용을 자제한다. 부사를 사용하는 경우는 동사의 의미를 바꾸려 할 때이다.

> Customs officers started radiation tests on imported Japanese food items.
> 세관원들은 수입된 일본 식품들의 방사능 검사를 실시했다.
> Customs officers hastily started radiation tests on imported Japanese food items.
> 세관원들은 수입된 일본 식품들의 방사능 검사를 신속하게 실시했다.

두 예문을 비교해 보면 hastily를 사용했을 때 비상 상황이나 위급한 상황이 발생했음을 암시하고 있다. hastily를 사용함으로써 많은 추측을 불러 일으킬 수 있다. 예를 들면 방사능이 오염된 일본 음식이 한국에 유입되었다는 추측이 가능하다. 따라서 부사 hastily은 동사 started의 의미를 변경시켜야 할 때만 사용하는 것이 좋다. 부사를 사용함으로써 문장 전체의 의미를 변경시킬 수 있다.

9. 누구에게 쓰는 것인지를 확실히 해야 한다

Korea will stop importing fish and mango from Fukushima Prefecture in Japan. The ban, effective for the next six months, is to protect local consumers from eating the radiation-infected food items.

한국 정부는 일본 후쿠시마 현에서 출시된 생선과 망고의 수입을 금지할 것이다. 향후 6개월 간 실시될 이러한 조치는 국내 소비자들이 방사능 감염 식품 섭취를 방지하기 위한 것이다.

»»»» 소비자 정보를 위한 것이니, 독자에게 (1) to stop the import한다는 것과, (2) effective for the next six months 것, (3) to protect local consumers라는 내용을 포함하면 소비자의 궁금증이 해소된다.

10. 수동태(Passive Voice) 사용을 원칙적으로 자제한다

Korean customs officers started checking the radiation-contamination of fish and mango that are imported from Fukushima Prefecture in Japan.

국내 세관원들은 일본 후쿠시마 현에서 수입된 생선과 망고의 방사능 오염 여부를 확인하기 시작했다.

▣▶ Korean customs officers started checking the radiation-contamination of fish and mango that come from Fukushima Prefecture in Japan.

»»»» 수동태(passive voice)를 능동태(active voice)로 사용한다.

구속되거나, 교통사고를 당하는 경우 또는 도둑을 맞는 경우 등에는 수동태를 쓸 경우도 있다. 다음의 경우를 보자.

Police arrested former Lotte Giants manager Yang Seung-ho Thursday on bribery charges.

경찰은 목요일에 롯데자이언츠 양승호 감독을 뇌물 수수 혐의로 구속했다.

▣▶ Former Lotte Giants manager Yang Seung-ho was arrested Thursday on bribery charges.

롯데자이언츠 양승호 감독이 뇌물 수수 혐의로 목요일에 구속되었다.

»»»» 이 예문에서 수동태가 가능한 이유는 구속을 하는 주체가 경찰이라는 것이 일반적인 사실이므로 애써 밝히지 않아도 되기 때문이다.

exercise

1. There is a bright future for Asian software developers.

아시아 소프트웨어 개발자들에게는 밝은 미래가 있다.

이 문장에서 Asian software developers를 주어로 문장을 만들어 보면?

▶ _____

2. Female weightlifter Jang Mi-ran received undeserved love from fans.

여성 역도 선수인 장미란은 팬들로부터 넘치는 사랑을 받았다.

이 문장에서 receive 대신 fan을 주어로 동사는 offer로 문장을 만들면?

▶ _____

3. An IOC member can have a big influence on sports.

IOC 위원은 스포츠에 상당한 영향력을 가질 수 있다.

이 문장에서 influence를 동사로 문장을 만들어 보면?

▶ _____

4. Girls' Generation released a new album.

소녀시대는 새 앨범을 발매했다.

이 문장에서 불필요한 단어는?

▶ _____

5. The government was accepting the appeal in 2012.

정부는 2012년 상고를 받아들였다.

이 문장은 현재 시점에서 시제(tense)가 틀렸다. 이를 고치면?

▶ _____

6. The 61-year-old lawmaker has ambitions of becoming an attorney since his college years.

그 61세 국회의원은 대학 시절 이후 변호사가 되려는 야망을 가지고 있다.

이 문장에서 ambition을 사용하지 않고 보다 구체적으로 같은 뜻의 문장을 만들면?

▶ _____

7. Korea bans locals from visiting a gambling casino, except for one in Gangwon Land.

한국은 강원랜드를 제외하고는 원칙적으로 내국인이 도박하는 카지노 출입을 금지하고 있다.

이 문장에서 불필요한 단어는?

▶ _____

8. Granting a special pardon is a remnant of the monarchy. The pardon should be used extremely sparingly in a democracy.

특별 사면은 왕정의 잔재이니 민주 국가에서는 사면이 조심스럽게 사용돼야 한다.

이 문장에서 불필요한 단어는?

▶ _____

9. President Barack Obama says he is afraid that the new treasury secretary might depreciate the dollar.

오바마 대통령은 신임 재무장관이 달러 가치를 절하할 수 있다며 우려한다고 한다.

이 문장에서 depreciate의 동사를 청소년도 이해할 수 있는 쉬운 용어로 바꾸면?

▶ _____

exercise

10. The prime minister-nominee evades questions that were raised by lawmakers.

총리 지명자는 국회의원들이 제기한 질문들을 회피하고 있다.

이 문장에서 that were raised by lawmakers를 능동태로 바꾸면?

▶ _____

answers

1. ▶ Asian software developers have a bright future.

　》》》》 There is로 시작하는 문장은 힘이 없다.

2. ▶ Fans offered undeserved love to female weightlifter Jang Mi-ran.

　》》》》 수동태는 항상 be + 동사의 과거분사형만이 아니다. receive, get 등도 수동태형 동사이다. 받다(receive)의 능동태는 주다(offer, give, provide) 등이다.

3. ▶ An IOC member can greatly influence sports.

　》》》》 숙어 형태의 동사구(have a big influence on)에서 주요 명사를 동사로 전환하면 문장이 간결하고 힘이 있다.

4. ▶ Girls' Generation released an album.

　》》》》 소녀시대가 당연히 신곡 앨범을 내지 old album을 내지 않았을 것이다. 따라서 new album을 album이라 해도 된다. 문장을 작성할 때 모든 단어가 필요한지 확인해라.

5. ▶ The government accepted the appeal in 2006.

　》》》》 진행형 문장을 사용할 때 꼭 필요한지 확인한다.

6. ▶ The 61-year-old lawmaker has dreamed of becoming an attorney since his college years. 또는 The 61-year-old lawmaker has sought to become an attorney since his college years.

　》》》》 시사 영작에서는 문장이 추상적이지 않고 구체적이어야 한다. 따라서 has ambitions of를 has tried to or has sought to로 고치면 뉘앙스는 달라지지만 보다 구체적인 문장이 된다.

7. ▶ gambling

　》》》》 casino는 gambling을 하는 곳이다. 따라서 형용사 gambling은 불필요하다.

answers

8. ▶ **extremely**이다.

»»» sparingly는 extremely하게 하는 것이다. 부사 사용도 불필요한 경우가 많으니 주의해야 한다.

9. ▶ **debase**이다.

»»» 누구한테 쓰냐에 따라 사용하는 언어도 바꾸어야 한다.

10. ▶ **The prime minister-nominee evades** questions lawmakers raised

»»» 수동태는 문장이 힘이 없고 주체가 불분명하다.

chapter 6

상급자에 필요한 10가지 writing tools

상급자에 필요한 10가지 writing tools

① Language / Word Choice — 정확한 단어를 사용한다.
② 한 문장에 한 아이디어를 제시한다.
③ 한 paragraph에서는 한 가지 주제에 대한 문장을 2~3개 쓴다. 새로운 주제가 시작되면 paragraph는 다시 시작해야 한다.
④ 명사는 무조건 동사로 고치면 좋다.
⑤ Modifiers(수식어, 한정어) 사용 방법을 숙지한다.
⑥ 부정적인 단어 사용을 자제한다.
⑦ 출처를 명확히 해야 신뢰도가 높아진다.
⑧ 문장 서두에 It 또는 There + be 동사로 시작하는 허사(expletive) 사용을 자제한다.
⑨ 객관성(objectivity), 공정성(fairness), 정확성(accuracy)은 문장 작성의 핵심이다.
⑩ 명료성(clarity)은 모든 문장 작성의 종착역이다. 공정하고, 정확하고, 간결하고, 객관성 있는 writing을 하는 최종 목적은 독자가 명확하게 이해할 수 있는 clarity이다.

초·중급자에 필요한 English writing tools가 있다. 여기서 상급자로 올라가기 위해서는 또 다른 10가지 정도의 tools가 필요하다. 이는 영작의 최종 목표인 메시지의 명료성(clarity)을 높이기 위해서다.

아무리 좋은 문장도 상대방이 이해하지 못하면 잘못된 것이다. 메시지가 명료하려면 내용의 객관성(objectivity), 출처의 정확성(accuracy)이 있어야 한다. 어휘 사용(word choice)을 정확히 하고, 진부하고 애매모호한 단어의 사용을 자제해야 한다. 또 전문 용어 및 이중 부정(double negative) 사용을 자제하며, 문장이 간결해야 한다. 지시 대명사의 사용은 구체적이어야 한다. 수식어(modifier)는 수식하려는 단어에 가깝게 위치해야 한다. 이 장에 소개된 tool을 숙지하면 상급 영작을 할 수 있다는 자신감을 갖게 된다. 그다음 단계로 logic(논리성)을 높일 수 있는 방법을 강구하면 전문적인 writer가 될 수 있다.

1. Language / Word Choice — 정확한 단어를 사용한다

Specific Words — 정확한 단어를 사용하는 것인데 그리 쉽지 않다. 다만 추상적인 단어는 구체적인 단어로 사용하고, 고급 단어인지, 일상생활에 쓰는 단어인지, 독자의 수준에 맞는 단어인지, 회화체 단어인지, 문장체 단어인지를 확인한다.

- an event 행사 ▶ meeting(모임), party(파티), press conference(기자회견), fundraiser(모금 행사)
- pros and cons(찬성과 반대) ▶ advantages and disadvantages(이점과 불이익) or costs and benefits(비용과 편익)

- A pharmaceutical company was hit(제약회사는 타격을 입었다)은 A pharmaceutical company was disciplined, penalized, punished 등으로
- A public enterprise axes jobs는 A public enterprise cuts jobs로 구체적인 단어를 사용한다.

All sorts of complaints about the iPhone 5 are spreading throughout the market.
아이폰5에 대한 각종 불만이 시장 전체에 퍼져 나가고 있다.
▶ Customers have several complaints about the iPhone 5.
》》》 이 문장에서 'all sorts of'는 구어체이다. 따라서 several types of 혹은 several 등으로 바꿀 수 있다.

2. 한 문장에 한 아이디어를 제시한다

Sentence(문장) — 한 문장에 한 아이디어를 제시한다. 한 문장에 여러 가지 메시지를 전하려다 보면 writer가 어떤 메시지를 전달하고자 하는지 독자가 그 의도를 파악하기 힘들다.

> The Park Geun-hye administration should adopt sophisticated diplomacy to patch up strained ties with China, while continuing to foster Seoul's alliance with the United States.
>
> 박근혜 정부는 중국과 경직된 관계를 개선하기 위해 세련된 외교 정책을 채택해야 하고, 이와 동시에 한미 동맹 관계를 잘 이끌어가는 것을 계속해야 한다.
>
> ⟩⟩⟩⟩ 여기서 한중 외교 관계 복원, 한미 동맹 강화 등의 두 가지 메시지를 한 문장에 정리했다. 이것을 한 문장 한 메시지 원칙으로 나누어 보면 다음과 같이 쓸 수 있다.
>
> ▶ The Park Geun-hye administration should adopt sophisticated diplomacy to patch up strained ties with China. At the same time, it should continue to foster Seoul's alliance with the United States.

3. 한 paragraph에서는 한 가지 주제에 대한 문장을 2~3개 쓴다

Paragraph(문단/단락) — 한 문단에서는 한 가지 주제에 대한 관련 문장을 2~3개 쓴다. 새로운 주제가 시작되면 문단은 새로 시작해야 한다.

> Internet ethics often lag behind technological advancement. Korea boasts one of the world's fastest Internet speed and the highest Internet penetration rate at 78 percent. Smartphones are ubiquitous, making it easy to transmit information through social networking sites such as Facebook and Twitters. A government report shows that 48 percent of teenagers and 29 percent of 20-somethings responded that they have posted malicious comments online. Many reported they did not feel guilty, and 4 in 10 even felt excitement.

인터넷 윤리는(Internet ethics) 종종(often) 기술 발전에 뒤떨어진다(lag behind technological advancement). 한국은(Korea) 세계에서 가장 빠른 인터넷 속도와(the world's fastest Internet speed) 78%라는 가장 높은 인터넷 보급률을(the highest Internet penetration rate at 78 percent) 자랑한다(boasts). 스마트폰은(Smartphones) 어디에서나 흔히 볼 수 있어(are ubiquitous) 페이스북이나 트위터와 같은 소셜 네트워크 사이트를 통해(through social networking sites like Facebook and Twitters) 정보를 전송하기가 쉽다(making it easy to transmit information). 정부 발표에 따르면(A government report shows) 10대 중 48%와 20대 중 29%가(48 percent of teenagers and 29 percent of 20-somethings) 온라인에서 악성 댓글을 올렸다고(they have posted malicious comments online) 응답했다(responded). 많은 사람이(Many) 양심의 가책을 느끼지 않으며(they did not feel guilty), 오히려 10명 중 4명은 이에 대해 쾌감을 느낀다고(and 4 in 10 even felt excitement) 전했다(reported).

>>>>> 아래 단락을 보면 인터넷 윤리가 기술 발전보다 뒤지고 있다는 주제로 이와 관련된 내용 (1) 한국이 인터넷 속도가 세계에서 가장 빠르고, 인터넷 보급률이 세계 최고인 78%를 자랑하고 있다. 스마트폰의 보급으로 소비자들이 페이스북이나 트위터 등의 SNS를 통해 정보를 빠르게 전달할 수 있다는 기술 발전에 대한 언급을 한다. 이어서 그러나 (2) 정부 자료에 의하면 10대 중 48%, 20대 중 29%가 온라인에 험담을 게시한 기록이 있으며, 많은 사람이 양심의 가책을 느끼지 않으며, 오히려 10명 중 4명은 이에 대해 쾌감을 느낀다고 한다는 인터넷 윤리(Internet ethics) 부분에 대해 언급했다. 결론적으로 이 문단은 기술적 진보나 인터넷 윤리에 관한 내용으로 한 단락을 작성했다. 서로 관련된 문장으로 한 단락이 완성된다. 그리고 각 단락의 처음에 나오는 문장은 그 단락의 주제 문장(topic sentence)이어야 한다는 점을 주목하자.

Internet ethics often lag behind technological advancement.에 대한 주장이 맞다는 객관적 논리를 제공하기 위해 인터넷 윤리에 관한 객관적 자료인

(1) A government report shows that 48 percent of teenagers and 29

percent of 20-somethings responded that they have posted malicious comments online.

(2) Many reported they did not feel guilty, and 4 in 10 even felt excitement.를 적시하고 있다.

또한 Technological advancement 주장을 펴기 위해
(1) Korea boasts one of the world's fastest Internet speed a.. highest Internet penetration rate at 78 percent.

(2) Smartphones are ubiquitous, making it easy to transmit information through social networking sites like Facebook and Twitters.라는 두 가지 사실을 적시하고 있다.

4. 명사는 무조건 동사로 고치면 좋다

명사, 특히 -ance of something, -ence of something, -sion of something, -tion of something, -ment of something이 포함된 구는 한 단어의 동사로 바꾸는 것이 좋다. 그 이유는 첫째, 두 단어를 한 단어로 바꿀 수 있기 때문이고, 둘째, 명사를 동사화하는 것은 문장을 동적으로(action-oriented) 만들어 힘차게 하기 때문이다.

(Maintenance of ▶ Maintaining) medical equipment is essential in a hospital.

의료 기기를 유지 보수하는 것은 병원에서 필수적이다.

(The inclusion of ▶ Including) star striker Park Chu-young boosted the national team for the Jordan match.

요르단전 경기에 스타 공격수인 박주영을 포함시킨 것은 국가대표팀 전력에 큰 보강이 되었다.

Companies know that (an acceptance of ▶ accepting) non-cash payments can affect product values negatively.

기업은 현금이 아닌 물품 대금을 받는 것이 상품 가치에 부정적인 영향을 미친다는 것을 알고 있다.

South Korea will complete (the installation of ▶ installing) loudspeakers along the border with North Korea Wednesday.

남한은 북한 경계선상에 고성능 스피커 설치를 수요일에 완성할 것이다.

The government Monday completed (the development of ▶ developing) vaccines for foot-and-mouth disease (FMD).

정부는 구제역 백신 개발을 종료했다.

The government plans to establish legal grounds for (the punishment of ▶ punishing) operators of "host bars" where female customers are entertained.

정부는 여성 고객을 접대하는 '호스트바' 운영자에 대한 법적 양형 조치를 설정하려 한다.

He was waiting for approval of the plans.

그는 그 계획의 승인을 기다리고 있었다.

▶ He was waiting for the plans to be approved.

She said simplification of English sentences was most important.

그녀는 영어 문장의 단순화가 가장 중요하다고 말했다.

▶ She said simplifying English sentences was most important.

The National Assembly will allow for the provision of more funds for new roads.

국회는 새로운 도로에 보다 많은 자금 제공을 허용할 것이다.

▶ The National Assembly will provide more funds for new roads.

5. Modifiers(수식어, 한정어) 사용 방법을 숙지한다

(1) Misplaced Modifiers(잘못 위치한 수식어)

The company runs a tuna sashimi restaurant with a significant background in tuna.
그 회사는 참치에 대한 상당한 경험이 있는 참치 사시미 레스토랑을 운영하고 있다.

▣▶ The company, which has a significant background in tuna, runs a tuna sashimi restaurant.
그 회사는 참치에 대한 상당한 경험이 있는데, 현재 참치 사시미 레스토랑을 운영하고 있다.

»»» 여기서 a significant background in tuna는 the company를 수식하지, the restaurant를 수식하지 않는다.

(2) Dangling Modifiers(현수 수식어)

바다에 떠 있는 현수교 같이 dangling modifier는 수식할 단어나 구가 없는 경우다. 즉 다음에 나오는 주어와 일치되지 않는 경우다.

Currently focusing on overseas activities, its mini album "Hoot" last October swept the nation's major music awards.
현재 해외 활동에 집중하면서 그 미니 앨범《Hoot》는 국내의 주요 음악상을 휩쓸었다.

▣▶ Currently focusing on overseas activities, the group released its EP, "Hoot," last October. The EP has since garnered several major music awards.
현재 해외 활동에 집중하고 있는 그 그룹은 미니 앨범《Hoot》을 지난 10월 발매했다. 이 미니 앨범은 많은 음악상을 수상했다.

>>>>> Currently focusing on overseas activities를 수식할 주체는 the group이 되어야 한다.

6. 부정적인 단어 사용을 자제한다

Major banks shun hiring (spinsters ▣▶ women).

주요 은행들은 (노처녀 ▣▶ 여성) 채용을 기피한다.

>>>>> 노처녀는 부정적인 뜻을 내포하니 여성(women)으로 대체한다.

7. 출처를 명확히 해야 신뢰도가 높아진다

According to a report on the Internet, there are five major complaints regarding the iPhone 5.

인터넷 보도자료에 따르면 아이폰5와 관련해 5가지의 주요 불만 사항이 있다.

▣▶ According to a report by the Mobile Technology Research Institute, there are five major complaints regarding the iPhone 5.

8. 문장 서두에 It 또는 There + be 동사로 시작하는 허사 (expletive) 사용을 자제한다

There is나 it is로 시작하는 문장은 redundant하고 문장에 힘이 없다. 가능한 한 사용을 자제한다.

It is the president that plans to veto the law on taxi. (12단어)

택시법을 거부하는 계획을 하는 것은 대통령이다.

▶ The president vetoed the taxi law. (6단어)

There are 10 rules that should be observed. (8단어)

준수되어야 할 10가지 규칙이 있다.

▶ Ten rules should be observed. (5단어)

There was a big earthquake, which shook the windows and forced people to move out of the buildings. (18단어)

▶ A big earthquake shook the windows, and forced people to move out of the buildings. (15단어)

It is crucial that, It is necessary that, There is a need for, It is important that 등은 must나 should 등으로 고칠 수 있다.

It is crucial that you attend the seminar.
당신이 그 세미나에 참석하는 것은 중요하다.
▶ You must attend the seminar.

It is necessary that the government provide emergency aid to the flood victims.
정부가 홍수 피해자들에게 긴급 지원하는 것이 필요하다.
▶ The government must provide emergency aid to the flood victims.

There is a need for the school to hire a counselor for Internet addicts.
학교에서 인터넷 중독에 대한 상담자를 채용할 필요성이 있다.
▶ The school must hire a counselor for Internet addicts.

It is important that North Korea stops developing nuclear weapons.
북한이 핵무기 개발을 중단하는 것이 중요하다.
▶ North Korea should stop developing nuclear weapons.

be able to, have the opportunity to, have the capacity for, have the ability to는 can으로 고칠 수 있다.

He is able to pay the bill.
그는 그 비용을 지불할 능력이 있다.
▶ He can pay the bill.

He has the opportunity to go abroad.
그는 외국에 나갈 기회가 있다.
▶ He can go abroad.

He has the ability to help the wounded.
그는 그 부상자들을 도울 능력이 있다.
▶ He can help the wounded.

He has the ability to get a decent job.
그는 괜찮은 일자리를 얻을 능력이 있다.
▶ He can get a decent job.

It is possible that, there is a chance that, it could happen that, The possibility exists that은 may, might, could 등으로 고칠 수 있다.

It is possible that the rain will stop.
비가 멈출 가능성이 있다.
▶ The rain might stop.

There is a chance that traffic jam will be eased.

교통 정체가 해소될 기미가 있다.

▶ The traffic jam might be eased.

It could happen that he will stop smoking.

그가 담배를 끊을 일이 생길 수 있다.

▶ He might stop smoking.

The possibility exists that the missing child will return to home.

그 미아가 집으로 돌아올 가능성이 있다.

▶ The missing child could return to home.

9. 객관성(objectivity), 공정성(fairness), 정확성(accuracy)은 문장 작성의 핵심이다

Not surprisingly, Washington is sitting on the fence over the intensifying territorial feud between its two most important allies in Northeast Asia.

놀랍지 않은 사실은, 미국이 동북아에서 가장 중요한 두 동맹 국가에서 심화되고 있는 영토 분쟁에 애매모호한 태도를 취하고 있다는 것이다.

▶ Washington is sitting on the fence over the intensifying territorial feud between its two most important allies in Northeast Asia.

》》》》 위 예시에서 Not surprisingly는 저자의 주관적 의견을 나타내므로 삭제하여 위와 같이 고치는 것이 좋다.

Companies are parsimonious in donating to welfare organizations for senior citizens and the underprivileged, according to state financial data Friday.

금융 자료에 따르면, 기업들이 노인, 소외 계층을 위한 복지 시설에 기부하는 게 인색해졌다고 한다.

▶ According to the Financial Supervisory Service's data, financial companies reduced donations by 10 percent to welfare organizations.

금융감독원 자료에 따르면, 금융 기관의 사회복지 시설에 대한 기부를 10% 줄였다고 한다.

》》》》 사실을 사설화(editorialize)하면 객관성이 떨어진다.

10. 명료성(Clarity)은 모든 문장 작성의 종착역이다

명료성을 높이기 위해서는

(1) 일관성(coherence)과 이해할 수 있음(intelligibility)을 높인다.

(2) 지시 대명사를 명확하고 구체적으로 적시한다.

(3) 수식어의 위치를 정확하게 한다.

(4) 가식적인 단어나 표현(pretentious language)을 자제한다.

(5) 구체적인 단어를 사용하고, 추상적인 단어 사용을 자제한다.

In a matter of minutes leading to the start of the two-hour event the seating was filled with some people still standing.

그 2시간 동안의 행사가 시작되기 몇 분 전에 자리는 꽉 찼고 어떤 사람은 서있기도 했다.

▶ **The auditorium was filled minutes before the awards ceremony.**

〉〉〉〉 여기서 the two-hour event가 무슨 행사인지 구체적이지 못하고, 또한 자리가 차다(the seating was filled)는 한국적 번역(composition)이다. 따라서 더 명확한 표현은 위와 같다.

exercise

1. 다음 문장 중 어색한 단어 표현을 고쳐 보자.

The builders need to make an all-out effort to boost competitiveness and come up with well-thought-out strategies to succeed in the global market.

건설업자들은 국제 경쟁력을 높이기 위해 모든 노력을 다해야 하고, 세계 시장에서 성공하기 위해 매우 잘 정리된 전략을 내야 한다.

▶ _____
_____

* 2~8 다음 문장 중 어색한 단어 표현을 고쳐 보자.

2. Korean immigration to Argentina has increased.

한국인의 아르헨티나 이민이 증가했다.

▶ _____

3. The good work by the Korean military unit has created Hallyu boom in Lebanon.

한국군의 훌륭한 임무 수행이 레바논에서 한류붐을 만들어 냈다.

▶ _____

4. Improvement in the process of applications is needed.

애플리케이션의 처리 능력을 향상시키는 게 필요하다.

▶ _____

5. Kremer plays a Nicolo Amati violin, dating from 1641.

크레머는 1641년에 제작된 니콜로 아마티 바이올린으로 연주했다.

▶ _____

exercise

6. Fruit usually contains more vitamins than other foods, especially jujube or red dates.

과일, 특히 대추나무나 빨간 대추야자는 대개 다른 식품보다 더 많은 비타민을 함유하고 있다.

▶ _____

7. Convicted rapists and sex offenders will be forced to take medication that drastically curbs sexual desire under court orders.

강간범과 성범죄자는 법원의 명령하에 성욕을 크게 억제하는 약물 치료를 받게 될 것이다.

▶ _____

8. Making his debut in 2001 with the studio album "Psy from the Psycho World," its opening track "Bird" instantly became a massive hit.

그는 2001년 《Psy from the Psycho World》로 debut했는데, 이 앨범의 주제곡인 〈Bird〉는 대히트를 쳤다.

▶ _____
_____

9. 시사 영작에서 중요한 것은 내용의 객관성이다. 다음의 문장을 객관성 있게 고쳐 보자.

The financial transactions between Korea and Iran need further scrutiny.

한국과 이란의 금융 거래는 더욱 철저한 검토가 필요하다.

▶ _____

10. 다음 문장의 a golf course는 시사 영작에서 왜 명료성을 훼손시키는가?

Residents are in a dispute with local government over who should manage a golf course built on a large landfill in western Incheon.

주민들이 서인천 매립지에 지어진 골프장의 운영권에 대해 지자체와 분쟁 중이다.

▶ _____

answers

1. ▶ The builders need to make significant efforts to boost competitiveness and come up with thought-out strategies to succeed in the global market.

»»» well을 삭제하고 하이픈으로 단어를 만들려 하지 마라. all-out은 significant로, well-thought-out은 thought-out으로 한다. 좋은 단어 선택도 중요한 영작 tool 중 하나이다.

2. ▶ Korean emigration to Argentina has increased.

»»» Korean immigration과 Korean emigration은 차이점이 있다. immigration은 한국계 외국인이 외국에서 다시 한국으로 이민 오는 것이고, Korean emigration은 한국인이 한국에서 외국으로 이민 가는 것이다. immigration의 i는 in이고 emigration에서 e는 ex, 즉 outside라는 뜻이다.

3. ▶ The good work by the Korean military unit has created pro-Korean sentiment in Lebanon.

»»» 한류와 친한국 감정을 혼동하면 안 된다.

4. ▶ Improvement in processing applications is needed.

»»» 명사는 무조건 동사로 고치면 좋다.

5. ▶ Kremer plays a Nicolo Amati violin that dates from 1641.

»»» example 문장에서 dating은 Kremer가 1641년부터 Nocolo Amati 바이올린을 연주한다라고 Kremer를 수식하는 것으로 오해할 수 있다. Violin that dates로 하면 1641년에 제작된 바이올린으로 뜻이 명쾌해진다.

answers

6. ■▶ Fruits, especially jujubes or red dates, usually contain more vitamins than other foods.

»»» 수식어는 수식할 단어에 가깝게 배치해야 한다.

7. ■▶ Sex offenders will be forced under court orders to take medication that drastically curbs sexual desire.

»»» 수식어는 수식하려는 명사에 가장 가깝게 배치하라. 예문의 under court orders 는 sexual desire를 수식하도록 배치되어 있어 적절하지 않다.

8. ■▶ Psy debuted in 2001 with the studio album "Psy from the Psycho World" whose opening track "Bird" instantly became a massive hit.

»»» 예문에서 주어가 Psy임에도 불구하고, making his debut, 이후에 its title track 주어와 일치하지 않는다.

9. ■▶ Financial transactions between Korea and Iran face further scrutiny.

»»» needs라는 표현은 주관적이어서 이 문장의 객관성이 흐려진다. 이를 face further scrutiny로 고치면 객관성이 높아진다.

10. ■▶ Residents are in a dispute with local government over who should manage the Blackstone Golf Club, built on a large landfill in western Incheon.

»»» 구체적인 골프장 명칭을 써야 문장의 명료성이 높아진다. 구체적 표현은 영작의 명확성을 높인다.

chapter 7

긴 문장을 짧은 문장으로 바꾸기

긴 문장을 짧은 문장으로 바꾸기

① 문장의 50%를 줄여도 메시지 전달이 가능하다.
② 단락을 잇는 연결어(transitional word and phrase)를 잘 선택함으로써 긴 문장을 짧은 문장으로 나눌 수 있다.
③ Run-on Sentence를 이해하면 짧은 문장이 가능하다.
④ Sentence Fragments를 이해하면 짧은 문장이 가능하다.
⑤ 개념 명사(concept noun) 사용을 자제함으로써 문장을 줄일 수 있다.
⑥ 명사를 동사로 바꾸면 문장이 짧아진다.
⑦ Logic(논리)이 있어야 문장이 짧아진다.
⑧ 문장의 4가지 유형(Types of sentence)을 알면 문장 길이를 조절하기 쉽다.
⑨ 병행론(Parallelism)을 이해하면 짧은 문장이 가능하다.
⑩ Punctuation을 올바르게 이해하면 짧은 문장이 가능하다.

1. 문장의 50%를 줄여도 메시지 전달이 가능하다

문장을 쓰고 나서 필요 없는 단어를 찾는 연습을 하자. 이 문장의 빨간색 표기를 삭제하면 문장의 의미가 더욱 명확해진다.

> An orchestra of about 1,000 amateur members comprised of district residents will take the stage in a rare concert to set the Korean record for a performance by the largest number of players at the same time. (37단어)
> 지역 주민으로 구성된 아마추어 연주가 1,000명이 갖는 드문 공연에서 한국 공연 역사 중 가장 많은 수가 한번에 한 무대에 오르는 기록을 세울 예정이다.
> ▶ An orchestra of 1,000 district residents will play to set the Korean record for a performance. (16단어)

한국어 내용을 이해하고 직역하려 하지 말고 이해한 내용을 영어로 사고하고 영어식 영문을 작성한다는 원칙을 숙지한다.

다음 문장을 읽어 보고 50% 정도 줄여서 세련된 문장으로 고쳐 보자.

The bereaved families of four people killed on July 2 while working in the basement machinery room of E-Mart's Tanhyeon branch in Gyeonggi Province in what appears to be an industrial accident haven't been able to bury their loved ones for more than two weeks.

이마트 경기도 탄현 지점의 지하 기계실에서 근무하다 산업 재해로 7월 2일에 사망한 4명의 유가족은 2주가 넘도록 사망자들을 묻을 수 없었다.

▶ The bereaved families of four workers killed in a work accident at E-Mart in Gyeonggi Province on July 2 are still unable to bury their loved ones.

»»»» 한 문장에 모든 내용을 포함하려 하면 안 된다. 한 문장에 하나의 메시지 전달이 원칙이다. killed while working in the basement machinery room 을 killed in a work accident로 수정하면 in what appears to be industrial accident는 불필요하다. for more than two weeks는 still로 표현하면 더욱 명확해진다.

2. 단락을 잇는 연결어(transitional word)를 잘 선택함으로써 긴 문장을 짧은 문장으로 나눌 수 있다

아래 문장을 보면 for instance, however 등의 연결어를 문장 사이에 추가함으로써 글의 흐름을 물 흐르듯이 자연스럽게 하고 있다.

The Internet can be two-faced. For instance, when Cho Sung-min and Choi Jin-sil got married in 2000, their marriage was dubbed the "marriage of the century." However, when the couple began experiencing marital problems, they've had to endure unbearable rumors.

인터넷은(The Internet) 양면성을 가질 수 있다(can be two-faced). 예를 들어 조성민과 최진실이 지난 2000년 결혼했을 때(when Cho Sung-min and Choi Jin-sil got married in 2000) 이 결혼은 '세기의 결혼'으로 회자되었다(their marriage was dubbed the "marriage of the century"). 그러나(However) 이 두 사람이 결혼 문제에 당면하기 시작하자(when the couple began experiencing marital problems) 그들은 견딜 수 없는 소문을 견뎌야 했다(they've had to endure unbearable rumors).

»»»» Transitional Word and Phrase는 문장과 문장 사이에 서로 다른 아이디어를 자연스럽게 전환시켜 주는 데 중요한 단어와 표현이다. 이 전환용 단어와 표현도 영작에서 상당히 고난도 기법이다. 예시문에서 for instance와 however를 사용해 문장의 흐름을 자연스럽게 하고 있다.

3. Run-on Sentence를 이해하면 짧은 문장이 가능하다

두 개 이상의 주절이 접속사 없이 콤마로 연결된 경우를 말한다. 이때는 두 문장을 나누면 된다.

> He enjoys walking through the country, and often goes backpacking on his vacations.
>
> 그는 시골을 걷는 것을 좋아하며 휴가 때 종종 배낭 여행을 한다.
>
> ▶ He enjoys walking through the country. He often goes backpacking on his vacations.
>
> 그는 시골을 걷는 것을 좋아한다. 그는 휴가 때 종종 배낭 여행을 한다.

4. Sentence Fragments를 이해하면 짧은 문장이 가능하다

문장이 파편 조각처럼 여기저기 산재되어 있는 경우, 이를 잘 접합해야 한다.

> I need to find a new roommate. Because the one I have now is not working out well.
>
> 나는 새로운 룸메이트를 구해야 한다. 현재 룸메이트와 잘 어울리지 못하기 때문이다.
>
> ▶ I need to find a new roommate because the one I have now is not working out well.
>
> 현재 룸메이트와 잘 어울리지 못하기 때문에 나는 새로운 룸메이트를 구해야 한다.

5. 개념 명사(concept noun) 사용을 자제함으로써 문장을 줄일 수 있다

개념 명사(concept noun)란 행동을 표현하지 않는 추상적이고, 개념적인 명사를 지칭한다. 명사를 동사로 바꾸면 뜻이 명확해진다.

Mild annoyance is the usual response to changes in policies.
약간의 짜증스러움이 정책의 변화에 대한 일반적인 반응이다.

▶ Most members of the committee **are annoyed** by changes in policies.
위원회의 대다수 회원들이 정책의 변화에 짜증스럽게 대꾸했다.

》》》》 annoyance를 동사로 바꾸면 뜻이 명확해진다. 주어와 동사만 잘 정하면 문장 구성은 쉬워진다.

이와 관련하여 두 개 이상의 명사(creeping nownism)가 한 단어로 쓰일 때 주의할 사항이 있다.

Policymakers in Beijing have loosened liquidity conditions and sped up the approval of public investment projects, helping to lift economic activity in the final quarter of this year.
중국의 정책입안자들은 유동성 (조건)을 완화하고, 공공 투자 (프로젝트) 승인 절차를 신속하게 했다. 이는 올해 마지막 분기의 경제 (활동)를 높였다.

▶ Policymakers in Beijing have loosened liquidity and sped up the approval of public investments, all of which lifted the economy later this year.

》》》》 여기서 liquidity conditions → liquidity로, public investment projects → public investments로, the economic activity → the economy로 해야 한다.

6. 명사를 동사로 바꾸면 문장이 짧아진다

명사를 동사로 바꾸었을 때 문장이 간결해지고, 내용이 동적으로 되는 경우를 알아보자.

Lee (made a confession ➡ confessed) to the stabbing.

이 씨는 칼로 찌른 것을 자백했다.

A gallery in Seoul is (under the probe ➡ probed) over alleged tax evasion.

서울의 한 갤러리가 탈세 혐의로 조사받고 있다.

The government will (take a strong action ➡ act strongly) against tax dodgers.

정부는 탈세자에 대해 (강력한 행동을 취할 ➡ 강력히 대처할) 것이다.

Teachers encouraged (the participation of students ➡ students to participate) in helping the handicapped.

교사들은 장애인을 돕는데 (학생들의 참여를 ➡ 학생들이 참여하도록) 장려했다.

The education minister stressed (the importance of teachers' role ➡ teachers have an important role) in preventing school violence.

교육부장관은 학교 폭력을 막는데 있어서 (교사들의 역할의 중요성을 ➡ 교사들에게 중요한 역할이 있다고) 강조했다.

North Korea has (expressed strong objections ▬▶ objected strongly) to global protests about its nuclear test and a missile launch.
핵실험과 미사일 발사에 대한 국제사회의 항의에 대해 북한은 (강력한 반대를 표시했다 ▬▶ 강력히 반대했다).

명사를 동사로 바꾸는 간결한 표현은 부록이나 이 책 앞 표지에 있는 QR Code의 단어집을 참고하면 된다.

7. Logic(논리)이 있어야 문장이 짧아진다

Logic이란 문장 작성 시 내용 전개를 어떻게 하느냐 하는 문제이다. 한 주제에 대한 주장을 하면 여기에 대한 객관적 사실을 제시해야 한다.

Korea's recent economic data has been generally poor, although the country remains one of the best performers among the world's advanced industrial economies. Industrial production is flat, exports are down, and business confidence is slipping. But the price of key imports, such as oil and other commodities, is also falling because of weakening global demand.
최근 한국의 경제 데이터를 보면, 선진국 중에서 가장 실적이 좋지만 산업 생산은 정체되고, 수출은 하강하고, 기업 신뢰는 떨어지고 있다. 그러나 오일이나 기타 주요 원자재 가격은 국제 수요의 약화로 떨어지고 있다.

> ■▶ Korea's economy has been performing poorly in the past few years. For instance, its industrial production has been flat, its exports have been decreasing, and its business confidence has been falling because of weakening global demand.
>
> 〉〉〉〉 여기서 the country remains one of the best performers among the world's advanced countries는, "industrial production is flat," exports are down," "the price of key imports… is down" 등과 연관이 안 되는 논리 전개이다. 따라서 삭제했다. 문장을 전개할 때 주장을 뒷받침하는 내용을 논리적으로 전개하는 사고가 필요하다.

8. 문장의 4가지 유형(Types of Sentences)을 알면 문장 길이를 조절하기 쉽다

영어 문장은 주어와 동사로 구성되는 단문(Simple Sentence)이 가장 이상적이다. 이외에도 복문(Complex Sentence), 중문(Compound Sentence), 그리고 여러 개의 독립절과 한 개 이상의 종속절로 구성된 중복문(Complex-Compound Sentence)이 있다.

(1) Simple Sentence: 한 개의 주절(Independent Clause)과 종속절(Dependent Clause)이 없는 문장을 말한다. (절은 주어와 동사가 갖춰진 문장 구성 성분을 말한다. 주절이란 주어와 동사가 들어 있고 그 자체로 하나의 문장을 형성할 수 있는 단어들의 집합이고, 종속절은 문장의 주된 부분[주절]에 정보를 추가하는 역할을 하는 절이다.)

Singer Psy became the most popular Korean star on YouTube.

가수 싸이는 유투브에서 가장 인기 있는 한국인 스타가 되었다.

(2) **Compound Sentence**: 여러 개의 주절로 구성되며, 종속절이 없다.

Psy surprised the world, and he earned fame and money.

싸이는 세계를 놀라게 하며 명성과 부를 얻었다.

(3) **Complex Sentence**: 한 개의 주절과 최소한 한 개의 종속절로 구성된다.

After performing in the United States, Psy found that his song Gangnam Style had become the second most-clicked song on YouTube.

미국에서 공연한 후 싸이는 〈강남스타일〉이 유투브에서 두 번째로 많이 클릭된 노래가 되었다는 것을 알게 되었다.

》》》》 한 개의 독립절: that his song Gangnam Style had become the second most-clicked song on YouTube.

한 개의 종속절: After performing in the United States.

(4) Complex-Compound Sentence: 중복문(종속절을 하나 이상 가진 중문)

> Psy is regarded as Korea's most popular singer in Korea, and after his album hit the Billboard chart, which the Korean media widely covered, he earned multi-million dollars.
>
> 싸이는 한국에서 가장 인기 있는 가수로 여겨지는데, 국내 언론에서 크게 보도된 빌보드 차트를 강타한 그의 앨범 때문이며, 이로 인해 그는 수백만 달러를 벌어들였다.

이 예를 보면 Complex-Compound Sentence보다, Complex Sentence가, 이보다 Compound Sentence가, 또 이보다 Simple Sentence가 훨씬 쉽다는 것을 이해할 수 있다.

> * Complex-Compound Sentence를 Simple Sentence로 고치기
> Complex-Compound Sentence인 Psy is regarded as Korea's most popular singer in Korea, and after his album hit the Billboard chart, which the Korean media widely covered, he earned multi-million dollars.를 4개의 Simple Sentences로 고칠 수 있다.
>
> 1. Psy is regarded as Korea's most popular singer in Korea.
> 2. His album hit the Billboard chart.
> 3. Korean media covered the news widely.
> 4. He earned multi-million dollars.

* Complex-Compound Sentence를 Compound Sentence로 고치기
▶ Psy's album hit the Billboard chart, the Korean media widely covered the news, and he earned multi-million dollars.

* Complex-Compound Sentence를 Complex Sentence로 고치기
▶ After Psy's album hit the Billboard Chart, the Korean media widely covered the news that he earned multi-million dollars.

9. 병행론(Parallelism)을 이해하면 짧은 문장이 가능하다

단어, 구, 절, 문장 등을 같은 기준에 의해 병행해서 배치한다.

He is a person with morality, (modest attitude ▶ modesty) and entrepreneurship.
그는 도덕성, 겸손, 기업가 정신을 겸비한 사람이다.

The British Museum is a wonderful place to see ancient Egyptian art. You can explore African artifacts, and find beautiful textiles from around the world.
대영박물관은 고대 이집트 예술을 볼 수 있는 좋은 장소이다. 당신은 아프리카의 예술품, 그리고 전 세계의 아름다운 섬유 제품을 볼 수 있다.

▶ The British Museum is a wonderful place where you can find ancient Egyptian art, explore African artifacts, and discover beautiful textiles from around the world.

»»»» find, explore, discover 동사로 균형 있게 문장을 배열해 리듬을 살린다.

Most insurance companies are keen on matching the duration of liabilities with that of assets since the lowering of long-term interest rates.
대부분의 보험 회사는 장기 금리가 하락하기 시작한 이후 자산과 부채의 만기를 맞추는 데 비상한 관심을 보이고 있다.

▶ Most insurance companies are keen on matching maturities of liabilities and assets since long-term interest rates are falling.

10. Punctuation을 올바르게 이해하면 짧은 문장이 가능하다

마침표(period)는 도로의 일단 정지 표시이며, 쉼표(comma)는 도로의 과속방지 턱이라 할 수 있다.

> **Korean customs officers started checking the radiation-contamination of imported Japanese food items, and took the measure for Korean consumers.**
> 세관원은 수입된 일본 식품들의 방사능 오염을 확인하기 시작했고, 국내 소비자들을 위해 조치를 취했다.

세미콜론(semicolon)은 자동차 정지 표시에서 정지하지 않고 서행하는 것과 같은 것이다.

Korean customs officers started checking the radiation-contamination of imported Japanese food items; they took the measure for Korean consumers.

괄호 안의 표현(parenthetical expression)은 자동차의 우회 운전과 같다.

Korean customs officers started checking the radiation-contamination of imported Japanese food items. [They took the measure for Korean consumers.]

콜론(colon)은 도로표지판에 반짝거리는 노란불과 같다.

Korean customs officers started checking the radiation-contamination of imported Japanese food items: They took the measure for Korean consumers.

대시(dash)는 도로에 떨어진 나뭇가지와 같다.

Korean customs officers started checking the radiation-contamination of imported Japanese food items — They took the measure for Korean consumers.

Until you knock on that door, you will 'never' know what's behind it.
그 문을 두드리기 전에 당신은 그 뒤에 무엇이 있는지 '절대' 알 수 없을 것이다.
⟫⟫⟫ never에 인용 부호(quotation mark)를 사용했는데, 강조하고자 하는지 아니면 인용 문구인지 불분명하다. 인용 부호 등 구두법(punctuation)에 대해 올바른 이해가 필요하다. 여기서는 never에 인용 부호를 할 필요가 없다.

The leader puts Taiwan, China and Japan on an equal footing, calling for bilateral dialogues followed by a "trilateral negotiation."
그 지도자는 대만, 중국, 일본을 같은 선상에 놓고, 일단 양자 대화를 촉구했으며, 그 이후 3자 회담을 해야 한다고 주장했다.
⟫⟫⟫ "trilateral negotiation"에서 quotation mark는 필요 없다.

exercise

1. 다음 예문을 짧은 한 문장으로 고쳐 보자.

At least five people who were involved in the Dec. 12, 1979 coup are buried at a national cemetery, a civic group claimed Thursday, calling for a revision of related laws to remove their graves.

1979년 12월 12일 쿠데타에 개입한 최소 5명이 국립묘지에 안장된다고 목요일 한 시민단체가 주장하면서 이들의 묘를 없애기 위해 관련법을 개정할 것을 촉구했다.

▶ _____
_____
_____

2. 다음 문장을 Parallelism(병행론) 원칙에 입각하여 고쳐 보자.

The new teacher expected that he would present his lesson plan in class, that there would be time to introduce himself to the students, and that questions would be asked by the students.

새로 부임하신 선생님은 강의 계획을 발표할 것이며, 자신을 소개하는 시간이 있을 것이고, 학생이 질문할 계획이 있다고 했다.

▶ _____
_____
_____

3. 다음 문장을 절반으로 줄여 보고, 전하려는 메시지가 더 정확하게 전달되는지 확인하자.

According to SM Entertainment, the group will release the title song "The Boys" through major music sites in Asia and iTunes on the American and European continents on Oct. 4, followed by all the remaining tracks of the album the next day, at the same sites.

SM 엔터테인먼트사에 의하면, 그 뮤직 그룹은 아시아의 음원 사이트와 미국, 유럽의 아이튠즈를 통해 10월 4일《The Boys》라는 음반을 내고, 그 후에 같은 sites에 그 앨범의 다른 모든 음악을 낼 것이라고 한다.

▶ _____
_____
_____
_____

4. 다음 문장을 logical하게 문장을 rewriting해 보자.
Lee Sang-jun, a 62-year-old male, had a small party at Asan Medical Center in Seoul on Oct. 11. It marked the 20th anniversary since he underwent liver transplantation surgery, and Lee is the longest surviving adult liver transplant patient in Korea.

62세 남자인 이상준 씨는 10월 11일 아산의료원에서 작은 파티를 열었다. 간 이식 수술 후 20년을 맞은 기념이었다. 이 씨는 한국에서 간 이식 수술을 받고 살아 남은 가장 오래된 환자이다.

▶ _____
_____
_____
_____

* 5~6 다음 문장의 Transitional Word and Phrase를 고쳐 보자.

5. But apparently, there are certain downsides that this game has brought to its users and even non-users – unwelcome disturbances and possible health problems.

▶ _____
_____

exercise

6. But he is not being welcomed by the broadcaster's union.

▶ _____

7. 다음 문장에서 run-on sentence를 고쳐 보자.

MBA programs in Western countries are divided into functions such as marketing, operations, finance and accounting at the same time when Korean MBA programs teach those functions in an integrated manner, translating them into concepts that are important to companies, such as bottom lines, core values and strategies.

서구의 MBA 프로그램은 마케팅, 운영, 재무, 회계와 같은 기능으로 나뉘는 한편 국내 MBA 프로그램은 그러한 기능들을 통합적인 방식으로 가르치면서 기업의 손익, 핵심 가치 및 전략과 같이 회사에 중대한 개념으로 탈바꿈시킨다.

▶ _____
_____
_____
_____
_____

8. 다음의 sentence fragments를 고쳐 보자.

Some we lose, some we win.

질 때도 있고, 이길 때도 있다.

▶ _____

9. 다음에서 개념 명사(concept noun)가 포함된 명사를 '현정화'를 주어로 하여 고쳐 보자.

For the true-life Olympian, world champion and national heroine Hyun Jung-hwa (played by Ha), there is no room for calculation or cynicism.

진정한 의미의 올림픽 선수이자 세계 챔피언이며 국민적인 영웅인 현정화(하지원이 연기한)에게 계산이나 냉소의 여지는 없다.

▰▶
_____
_____

10. 다음 문장을 parallelism에 맞게 고쳐 보자.

First, Rep. Park Guen-hye has just declared her presidential bid.

첫째, 박근혜 의원은 대선 출마를 선언했다.

Then, Moon Jae-in declared his presidential bid.

그리고 나서, 문재인은 대선 출마를 선언했다.

Thirdly, Ahn Cheol-soo declared a bid for the presidency.

셋째로, 안철수가 대선 출마를 선언했다.

▰▶
_____
_____
_____
_____

answers

1. A civic group called Thursday for the remains of five people involved in the 1979 coup to be removed from a national cemetery, saying it was not appropriate to honor mutineers.

》》》 주어 동사로 문장이 시작하는 것을 원칙으로 하면 메시지가 명확해진다. 한국어를 이해하고 논리적 사고로 문장을 재구성한다.

2. The new teacher expected that he would present his lesson plan in class, that there would be time to introduce himself to the students, and that students would ask him questions.

》》》 that he would present, that there would be time은 능동태인데, that questions would be asked by the students는 수동태이다. 문장의 parallelism의 원칙에 따라 마지막 that 이하를 능동태로 하여 통일해 준다.

3. According to SM Entertainment, the title track "The Boys" will be released on Oct. 4 through major music sites in Asia and iTunes in America and Europe. The remaining tracks will be released the next day through the same sites.

》》》 48개 단어로 구성된 긴 문장에서 followed by all the remaining tracks를 단독 문장으로 분리한다. 기사를 둘로 나누는 것이 이해가 더 쉽다.

4. As of Oct. 11., 62-year-old Lee Sang-jun is the longest surviving liver transplant patient in Korea. It has been 20 years since he underwent surgery, and he celebrated the occasion with his family and doctors at the Asan Medical Center in Seoul.

》》》 이 문장은

1. Lee Sang-jun, a 62-year-old male, had a small party at Asan Medical Center in Seoul on Oct. 11.

2. It marked the 20th anniversary since he underwent liver transplantation surgery.
3. Lee is the longest surviving adult liver transplant patient in Korea.로 구성. (3)이 제일 중요하니 제일 먼저 쓰고 (1) + (2)는 서로 관련되어 있으니 문장을 논리적으로 합치면 더욱 좋다.

5. Apparently, however, this game has disadvantages for both users and non-users, such as noise and health problems.
»»» But이나 yet 등을 문장의 맨 앞에 쓰면 informal하다. 따라서 however로 고치고 apparently 뒤로 배치하는 것이 더 바람직하다.

6. However, he is not well-regarded by the broadcasters' union.
»»» But을 however로 고쳐 문장을 더 formal하게 만든다.

7. MBA programs in Western countries are divided into functions such as marketing, operations, finance and accounting. Korean MBA programs teach those functions in an integrated manner, translating them into concepts that are important to companies, such as bottom lines, core values and strategies.
»»» At the same time when이라는 transitional phrase를 사용한 긴 한 문장을 At the same time when을 제거하고 이를 두 문장으로 나누는 것도 run-on sentence를 고치는 한 방법이다. 즉 run-on sentence란 두 개 이상의 문장이 나열되어 이해를 어렵게 하는 문장이다.

8. We lose some battles, but we win some as well.
»»» Sentence fragments란 문법적으로 불완전한 문장이다. 그러나 광고나 스타일 효과를 내기 위해 사용하기도 하지만, formal English writing에서는 사용해서 안 된다.

answers

9. Olympian, world champion and national heroine Hyun Jung-hwa (played in the movie by Ha) does not believe in calculation or cynicism.

>>>>> 예시문은 be 동사만 있고, 주어가 명확하지 않아 calculations or cynicism의 주체가 없다. 이를 Hyun Jung-hwa를 주어로, there is no room for를 does not believe in으로 하고 concept noun인 calculation or cynicism를 쓰면 뜻이 명쾌해진다. 모든 문장은 주어를 사람으로, 동사는 action-oriented된 것을 찾으면 좋은 문장이 된다.

10. First, then, thirdly를 first, second, third로 고친다.

chapter 8

문장의 조립과 분해

문장의 조립과 분해

❶ 한 문장을 2~3개의 문장으로 나누어 보는 훈련을 통해 짧은 문장을 쓰는 능력을 키울 수 있다.

❷ 한국어에는 필요하나 영어에서는 불필요한 표현을 제거한다.

❸ 긴 한 문장을 짧은 한 문장으로 만들어 내용의 명확성과 이해를 높인다.

❹ 생각이 복잡할수록 문장이 길어진다. 쓰기 전에 무엇을 쓸 것인가를 확실히 해야 짧은 문장을 쓸 수 있다.

❺ 추상적인 표현을 구체적인 표현으로 바꾸면 문장이 짧아진다.

❻ 명백한 사실을 제거함으로써 문장을 짧게 할 수 있다.

❼ 독자가 1,000단어로 된 지문을 읽고 기억하는 keyword는 3~5개 정도이다.

❽ 의심이 드는 표현은 삭제한다.

❾ Writing은 메시지를 명확하게 전달(express)하는 것이다. 인상(impress)을 주려고 쓰지 마라.

❿ cliché, repetition, redundancy를 제거하면 메시지를 더 쉽게 전달할 수 있다.

1. 한 문장을 2~3문장으로 나누어 보는 훈련을 한다

한 문장을 2개, 3개의 문장으로 나눌수록 좋다. 특히 초보자인 경우 더욱 필요하다. 일단 관계 대명사 that, which, who, whom, when, how, where과 조건을 표시하는 if 등이 포함된 문장은 이런 관계 대명사, if 이하의 문장을 한 문장으로 독립시킬 수가 있다. 물론 한 문장을 여러 개로 나눈다는 게 메시지의 정확성을 높이기 위해 꼭 필요한 것은 아니다. 다만 이렇게 여러 문장으로 나누는 연습을 하는 과정에서 간결하게 쓰는 능력을 키울 수가 있다.

Which, that, if 등이 있는 한 문장은 여러 문장으로 나눌 수가 있다. 다음 예문을 보자.

An independent lawmaker from Gwangju has been sentenced to two years in prison, which would cause him to lose his National Assembly seat if the verdict is upheld by the Supreme Court.
광주가 지역구인 한 무소속 국회의원이 2년형을 선고받았다. 대법원에서 이 판결을 인정한다면 국회의원직을 잃게 될 것이다.

〉〉〉〉 여기서

(1) An opposition lawmaker has been sentenced to two years in prison.

(2) 그래서 he might lose his National Assembly seat.

(3) 그러나 He will appeal to the Supreme Court인 3가지 내용을 한 문장으로 합친 기사이다. 이 문장을 나누면서 동일인의 주어를 An opposition lawmaker, the independent lawmaker from Gwangju 그리고 he로 분류했다. 한 sentence에 한 가지 메시지를 전하는 게 좋다. 요약하면 which나 if 이후의 문장을 단독 문장으로 만들 수 있다는 점이다.

■▶ An opposition lawmaker risks losing his National Assembly seat. The independent lawmaker in southwestern Gwangju was sentenced to two years in prison Monday. He will appeal the case to the Supreme Court.

Allegations that a former aide of President Lee Myung-bak took a large sum of money in bribes emerged Tuesday, a day after Choi See-joong admitted receiving cash from a businessman, which he used for Lee's 2007 presidential campaign.

화요일에 이명박 대통령의 과거 측근이 상당한 돈을 뇌물로 받았다는 주장이 나왔는데, 이는 최시중 씨가 한 사업가로부터 현금을 받은 것을 시인한 지 하루 만이다. 그는 이 돈을 이 대통령의 2007년 대선을 위해 사용했다.

»»» 한 문장에 한 메시지 원칙으로 분류해 보면 3가지 문장으로 나눌 수가 있다. which, after 이하의 문장을 단독 문장으로 바꾸어 본다.

■▶

(1) A former aide to President Lee Myung-bak allegedly took bribes, prosecutors said Tuesday.

(2) The allegation came out after Korea Communications Commission Chairman was arrested.

(3) The chairman admitted that he used the money he received from a businessman to fund part of President Lee's campaign in 2007.

2. 한국어에는 필요하나 영어에서는 불필요한 표현을 제거한다

Koreans spend more time in leisure these days in order to enjoy skiing, hiking, bicycling and etc with their family members and friends.

한국인은 스키, 하이킹, 자전거 타기 등을 즐기기 위해 레저에 더 많은 시간을 보낸다.

▶ **Koreas spend more time in leisure.**

》》》》 leisure는 skiing, hiking, bicycling and etc를 포함한다. 따라서 구체적으로 레저의 종류를 열거할 필요가 없는 중복되는 표현이다. 또한 leisure는 가족이나 친지와 시간을 보내는 것이니 with their family members and friends도 불필요하다. 한국어로 번역된 내용을 word-for-word로 직역하다 보면 불필요한 영어 표현이 나온다. Formal writing에서 etc 등은 사용을 자제한다. These days도 문장의 동사가 현재형이니 불필요하다.

The number of registered payday loan companies has halved in the past five years as stricter regulations have been introduced as part of efforts to tackle snowballing household debts.

눈덩이처럼 늘어나는 가계 부채를 해결하기 위해 도입된, 엄격한 규정으로 인해 지난 5년간 등록된 초단기 소액 대출, 봉급자 소액 대출(payday loan) 수가 반으로 줄었다.

▶ **The number of registered payday loan companies has halved in the past five years due to stricter regulations.**

》》》》 이 지문을 3문장으로 나누면

(1) The number of registered payday loan companies has halved in the past five years.

(2) Stricter regulations have been introduced.

(3) Regulators introduced the rule as part of efforts to tackle snowballing household debts.이다.

지문에서 문장의 형태를(as stricter regulations have been introduced) 구로 고치면(due to stricter regulations) 짧아진다. 또한 to tackle snowballing household debts는 stricter regulations 도입 안에 의미가 포함되어 있어 삭제가 가능하다. 약간의 무리는 있으나 concise writing drill에서는 시도해보는 게 좋다. 굳이 사용한다면 The stricter regulations were to tackle snowballing household debts.로 나누어 쓴다.

3. 긴 한 문장을 짧은 한 문장으로 만들어 내용의 명확성과 이해를 높인다

문장이 길어지는 이유는 여러 가지이다. 첫째, 어휘 부족. 둘째, 쓰려는 내용이 생각이 정리되지 않은 경우. 셋째, 한국어를 깊은 이해 없이 word for word로 사전을 찾아서 작성하기 때문이며, 마지막으로는, 영어와 한국어의 차이점을 이해 못해서이다. 일단 문장을 써보고 내가 줄일 수 있는 것이 무엇인지를 생각해 보자. 이 과정을 통해 영작의 기술이 향상된다. 뚱뚱한 사람이 게을러 보이듯이 문장이 군더더기가 많아 뚱뚱해지고 글도 게을러 보인다. 문장의 50%를 줄여도 전하려는 내용의 요지는 변하지 않는다. 단어 하나를 줄일 때마다 1000원씩 벌 수 있다면 불필요한 단어 삭제에 더 적극적일 것이다.

Would-be high school dropouts will undergo a two-week deliberation period to receive counselling from experts as part of the government's efforts to keep them studying.

고교 중퇴 예정자들은 이들이 학업을 지속할 수 있도록 하는 정부 노력의 일환으로 전문가들로부터 상담을 받는 2주간의 숙고 기간을 갖게 될 것이다.

〉〉〉〉 위 예문도 다음과 같은 관점에서 살펴볼 수 있다.

(1) 불필요한 redundancy 제거 — deliberation period라는 표현은 to receive counselling에 포함되어 있다고 볼 수 있다. counselling은 deliberation period 기간에 받기 때문이다.

(2) from experts도 불필요하다. 전문가로부터 counselling을 받지, 비전문가로부터 counselling을 받는 것은 아니다.

(3) as part of the government's efforts를 under a government program으로 하면 더욱 간결해진다.

(4) to keep them studying은 to help them study로 바꾸어 최종적으로 이 문장을 Would-be high school dropouts will undergo a two-week program under a government program to help them study.로 쓰면 훨씬 간결하고 메시지 내용도 명확하다.

The ruling Saenuri Party is allegedly considering the feasibility of a law **to prevent lawmakers-elect** whose career backgrounds are suspicious enough to pose a threat to national security **from taking office as scheduled.**

여당인 새누리당은 예정된 취임에서 국가 안보에 위협이 되기 충분한 혐의가 있는 이력을 가진 국회의원 당선인들을 방지하는 법안의 실행 가능성을 검토하는 것으로 전해지고 있다.

〉〉〉〉 이 문장에서 불필요한 단어와 추상적인 단어를 명확하고 짧은 단어 표현으로 줄여 보면,

(1) is allegedly considering은 is seeking이나 seeks로 처리한다. 고려하다(consider)는 표현은 상당히 애매하니 사용을 자제한다.

(2) study the feasibility of law는 enact legislation이라는 뜻이다.

(3) lawmakers-elect whose career backgrounds are suspicious enough to pose a threat to national security는 pro-North Korea(종북, 친북)로 표현하면 명쾌하다. 여기서 career background는 career로만 표현해도 된다. career는 background이다. Pro-North Korea lawmakers는 pose a threat to national security라는 의미를 함축하고 있다.

▣▶ **The ruling Saenuri Party** seeks a legislation **to prevent** pro-North Korea lawmakers-elect **from taking office.**라는 단순 문장으로 정리할 수 있다.

Korea's major players are retooling their business plans and strategies with the eurozone crisis spinning out of control amid mounting economic uncertainties due to a slowdown in the United States and China.

국내 주요 기업들은 미국과 중국의 침체로 인해 늘어나는 경제적 불확실성 가운데 유로존 위기가 제어가 불가능한 상황에서 사업 계획과 전략을 재편하고 있다.

〉〉〉〉 (1) 불분명한 표현을 구체적인 표현으로 바꾼다. 즉 Korea's major players ▣▶ Korea's major companies. 다시 말해 players라 하면 운동선수로 이해할 수 있다.

(2) are retooling ▣▶ 불필요한 진행형이다. retool로 하면 문장이 짧아진다.

(3) retooling business plans and strategies는 charting plans로 전환한다.

(4) plans and strategies는 계획과 전략이라고 하는데, plans 혹은 strategies 중 한 단어만 사용해도 된다.

(5) with the eurozone crisis spinning out of control amid mounting economic uncertainties due to a slowdown in the United States and China 는 구체적으로 말하면 downturn in the world's three major economies — the EU, the U.S. and China.로 요약할 수 있다. 다음과 같이 짧게 정리할 수 있다.

■▶ Korea's major companies chart plans to brace for a downturn in the world's three major economies — the EU, the U.S. and China.

LG Electronics' key decision makers are currently in deep discussions over the intensity of production cuts in Europe as the situation is not favorable, said a high-ranking LG Electronics executive Monday.

월요일 LG전자의 고위 간부는 LG전자의 핵심 의사결정권자가 상황이 우호적이지 않아 현재 유럽에서의 생산 절감에 대해 깊이 논의하고 있는 상태라고 전했다.

»»» LG Electronics' key decision makers는 LG Electronics' executives나 board members로 구체적으로 표현할 수 있다.

(1) are currently in deep discussion에서 진행형을 쓰니 currently가 불필요하다.

(2) in deep discussion은 move to로 전환한다.

(3) over the intensity of production cuts in Europe은 to cut production in Europe으로 전환한다.

(4) as the situation is not favorable은 추상적이다. the sluggish EU market이라고 정리한다.

(5) a high – ranking LG executive는 누구인지 궁금하다. an LG spokesman 으로 하는 게 더 설득력이 있다.

짧은 문장으로 정리하면,

▶ LG executives move to cut production in the sluggish EU market, said a spokesman Monday.

월요일 LG 대변인은 LG 임원들이 침체된 유럽 시장에서의 생산 절감을 위해 움직이고 있다고 전했다.

4. 생각이 복잡할수록 문장이 길어진다. 쓰기 전에 무엇을 쓸 것인가를 확실히 해야 짧은 문장을 쓸 수 있다.

이메일, 에세이, 칼럼 등을 쓸 때, 본인이 전하려는 메시지의 keyword를 적고, 무슨 내용을 전달하려는지 미리 정리한다. 종착지를 정하고 운전하는 것과 같이 무슨 내용을 전하려는지 모르고 이야기를 쓸 때, 이른바 횡설수설하는 문장만 나온다. 연설도 keyword 없이 하면 청중은 연사가 횡설수설한다는 것을 금방 알 수 있다. Simple message는 머리가 단순해서가 아니고 복잡한 현상을 단순하게 정리할 때만 나온다.

두 문장을 읽어 보면 같은 내용을 가지고, 누가 더 많이 고민하고 썼는지 금방 알 수 있다.

복잡한 사고

The nation's financial watchdog said Monday that the top five financial groups may set up a "bad bank" as a way of dealing with soured project financing(PF) loans that are weighing down on construction companies and savings banks.

월요일 국내 금융 감시 단체는 5개의 최고 금융그룹이 건설 회사들과 저축 은행들을 내리누르는 회수 불가능한 프로젝트 파이낸싱 대출(PF: 부동산 개발 관련 대규모 대출)을 처리하기 위한 방편으로 '부실 채권 전담 은행'을 설립할 수 있다고 밝혔다.

■▶ 간단한 사고

The government Monday asked the top five financial groups to agree to set up a "bad bank" to take over soured construction loans from local savings banks.

정부는 월요일 5개의 최고 금융 그룹이 국내 저축 은행들로부터 회수 불가능한 건설 융자를 양도받기 위한 '부실 채권 전담 은행'을 설립하는 데 합의하도록 요청했다.

복잡한 사고

Those who murder their spouses, parents, parent-in-laws and family members are currently subject to harsher criminal punishment. This will likely change as early as next year, with an ad-hoc criminal law reform committee, consisting of 24 legal scholars in the private sector, moving to establish a universal sentencing guideline for all murderers.

배우자, 부모, 시부모와 기타 가족구성원을 살해한 사람들은 현재 가혹한 처벌 대상이 된다. 이것은 빠르면 내년 바뀔 가능성이 있는데, 민간 부문에서 법학자들 24명으로 구성된 법개혁 특별위원회가 모든 살인자들에게 보편적인 선고 지침을 설정할 계획이다.

▶ 간단한 사고

The Ministry of Justice plans to scrap a long-standing law that mandates harsher punishment for people who murder their family members.

법무부는 가족을 살해한 사람들에게 보다 가혹한 처벌을 요구하는 오래된 법률을 철폐할 계획이다.

5. 추상적인 표현을 구체적인 표현으로 바꾸면 문장이 짧아진다

Korea, Japan and China Friday agreed to strengthen cooperation to tackle regional and global environmental issues.

한국, 일본, 중국은 금요일 지역적이고 세계적인 환경 문제에 대처하기 위해 협력을 강화하기로 합의했다.

▶ Korea, Japan and China Friday agreed to work together to tackle radioactivity from Fukushima and yellow dust storms from China and Inner Mongolia.

한국, 일본, 중국은 후쿠시마의 방사능과 중국과 내몽골로부터의 황사 폭풍에 대처하기 위해 협력하기로 금요일에 합의했다.

»»» 짧게 쓰기만 능사가 아니다. 짧은 문장에서 메시지가 제대로 전달되지 않으면 늘려 보는 습관도 기르자.

(1) strengthen cooperation을 work together로 쉬운 표현으로,

(2) to tackle regional and global environmental issues는 추상적이므로 to tackle radioactivity from Fukushima and yellow dust storms from China and Inner Mongolia.로 고치면 뜻이 명확해진다.

문장의 조립과 분해 193

President Park Geun-hye pledged to create an $18 billion fund devoted to promoting happiness of the financially troubled.

박근혜 대통령은 신용불량자의 행복을 증진시키기 위해 180억 달러의 (행복) 기금을 조성할 것을 약속했다.

▶ She pledged to create an $18 billion fund to support the financially troubled.

⟩⟩⟩⟩ 행복 기금이란 정치적 수사이고, 의미가 불분명한 용어이다. 특히 이런 한국 지도자의 공약 용어를 영어로 그대로 번역하면 원어민은 고개를 갸우뚱한다. 신용불량자를 돕는다고 그들의 행복이 자동적으로 높아지는가 하는 문제가 발생한다. Fund devoted to promoting을 영어로는 support 이외로는 설명이 불가능하다.

좀더 구체적으로 써보면 다음과 같이 표현할 수 있다.

President Park Geun-hye pledged to create an $ 18 billion fund that would help pay the mortgages of those who are about to lose their homes.

6. 명백한 사실을 제거함으로써 문장을 짧게 할 수 있다

In a statement read by his spokesman, the prime minister-nominee writes, "I am sorely to blame for all the troubles I caused."

대변인이 읽은 성명서에서, 국무총리 지명자는 "본인이 야기한 모든 문제에 대해 책임이 있다"고 썼다.

▶ The spokesman quoted the prime minister-nominee as saying that he was to blame for all the troubles he caused.

>>>> In a statement read by와 writes는 한국어를 그대로 번역한 세련되지 못한 문장이다. 명백한 사실을 씀으로써 문장이 길어지고 있다. Quote the prime minister-nominee as saying 등의 매끈한 영어식 표현을 쓰는 훈련이 필요하다.

7. 독자가 1,000단어로 된 지문을 읽고 기억하는 keyword는 3~5개 정도이다

언어학자들은 2012년 대선에서 박근혜 후보가 당선된 큰 이유 중 하나로, 박 후보가 대선 기간 동안 행한 모든 연설에는 국민 행복, 믿음, 신뢰라는 용어를 반복 사용한 것이라고 말한다. 즉 박 후보가 20~30분간 공약을 설명을 해도, 그 이후에 유권자의 머리에는 구체적인 내용은 기억 못하고 행복, 믿음, 신뢰 등의 몇 가지 keyword만 기억하는 경향이 있다.

같은 이유로 언어학자나 writing 전문가들도 한 문장에 한 가지 메시지, 한 paragraph에 한 가지 주제의 아이디어 3가지를 쓴다. 전체 기사나 칼럼에 저자가 꼭 전하고 싶은 메시지의 keyword 3~4개를 계속 반복해서 쓴다. 한 기사나 칼럼을 읽고 3~4개의 단어만 독자가 기억하면 저자로서는 성공한 것이다. Presentation도 keyword로 주요 메시지를 전달하는 방식이다. keyword로 presentation에 적시하면 청중은 이해도가 높아진다. 강의도 같은 방식이다. 적절한 내용을 강의해도 수강자가 keyword를 기억 못한다면 그 강의는 효과적이었다고 할 수 없다. 예를 들어 신문의 한 칼럼을 읽고 과연 내가 몇 가지 단어를 기억하는지 점검해 보자.

다음 글을 읽고 몇 가지 key word를 기억하는지 점검해 보자.

The democratization of learning is progressing rapidly, jeopardizing the once-thriving private learning institutions in posh southern Seoul. The proliferation of learning tools mobile phones, tablets and e-readers is revolutionizing how we learn; these days, e-learning, e-libraries, e-coaching, reverse mentoring (where younger staff teach senior executives about the latest in technology, social media and other workplace trends), on-demand mentoring, mobile learning, mass mentoring and micro-feedback have become common avenues for learning.

교육의 민주화가 빨리 진전되면서 서울 강남에서 한때 잘나가던 학원을 위태롭게 하고 있다. 모바일폰, 태블릿, e-리더 같은 이동용 기기들의 확산은 우리가 학습하는 방법에 혁명을 가져오고 있다. 요즘 e-러닝, e-도서관, e-코칭, 상급자가 하급자로부터 배우는 역멘토링(reverse-mentoring), 필요에 따라 가르쳐 주는 주문식 멘토링, 모바일 러닝, 여러 사람에게 가르쳐 주는(mass-mentoring), 즉각 한두 가지씩 알려 주는(micro-feedback) 등이 교육의 보편적인 수단이 되고 있다.

》》》》 이 글을 읽고 democratization of learning(배움의 민주화)이라는 개념과, 그 방법(new learning tools) 중 e-learning, e-libraries, e-coaching, reverse mentoring, on-demand mentoring, mobile learning, mass mentoring, micro-feedback 중 한두 단어만 기억하면 된다. 이 글을 쓴 저자는 democratization of learning의 뜻만 이해하면 성공한 것으로 이해한다. 이 글을 읽고 모든 learning tools를 기억하는 사람은 많지 않다.

8. 의심이 드는 표현은 삭제한다

> **Koreans have a relatively strong tendency toward homogeneity under the influence of their farming culture.**
> 농촌 문화의 영향으로 한국인은 상대적으로 강한 동질성을 가지고 있다.
>
> ▶ **Koreans have a relatively strong tendency toward homogeneity.**
>
> ⟩⟩⟩⟩ 농촌 문화의 영향이 왜 강한 동질성을 가지게 하는지 설명이 필요하다. 이걸 설명하는 데 또 긴 설명이 필요하다. 따라서 의심이 드는 표현(under the influence of farm culture)을 삭제함으로써 동질성이 강한 것만 이 문장에서 메시지를 전달한다. 아니면 동질성과 농촌 문화의 영향의 상관 관계를 논리적으로 설명해야 한다.

9. Writing은 메시지를 명확하게 전달(express)하는 것이다. 인상(impress)을 주려고 쓰지 마라.

> **The lawmaker first looked assuring and then sounded reassuring.**
> 그 국회의원은 인상도 자신감을 주었고, 말하는 것도 자신감을 주었다.
>
> ▶ **The lawmaker's look and words were reassuring.**
>
> ⟩⟩⟩⟩ looked reassuring and sounded reassuring보다는 look and words were reassuring이 문장이 짧고 메시지가 명확하다. 예시문은 assuring과 reassuring을 사용함으로써 인터뷰한 뉘앙스를 강하게 impress하려고 노력은 했으나, 메시지는 명확하게 표현되지 않았다. Rewriting한 look and words are reassuring이 메시지를 강하게 표현했다.

The first batch of ancient royal books from the Joseon Kingdom (1392~1910) were returned home Thursday afternoon, 145 years after being looted during the 1866 French incursion. (27단어)

조선 시대(1392~1910)의 왕실 서적 중 일부가 목요일 오후 고국으로 돌아왔다. 1866년 프랑스 침략 때 강탈 당한 지 145년 만이다.

▶ The first batch of court texts looted by French marines in 1866 arrived back in Korea Thursday. (17단어)

»»»» 여기서 ancient royal books from the Joseon Kingdom(1392~1910)은 프랑스가 약탈해 간 연도가 1866년이니, 삭제해도 의미 전달에 문제가 없다. 또한 조선 시대를 의미하는 court가 있으니 조선 시대 발행물임을 알 수 있다.

10. cliché, repetition, redundancy를 제거하면 메시지를 더 쉽게 전달할 수 있다

■ 진부한 표현 사용 자제(Avoid cliché)

Korea tightened its grip on imports of fish and mango from Fukushima Prefecture in Japan as the radiation-infected food items might wreak havoc on local eaters.

한국 정부는 방사선에 감염된 식품들이 국내 소비자들이 피해를 입힐 수 있기 때문에 일본 후쿠시마 현에서 생산된 생선과 망고의 수입 단속을 강화했다.

▶ Korea curbed import of fish and mango from Fukushima Prefecture in Japan as the radiation-infected food items might damage local eaters.

»»» tighten its grip on은 curb 혹은 monitor로 wreak havoc on은 damage 등의 단순한 단어로 쓰면 더욱 명확해진다.

■ 반복(repetition)을 줄임

한 문장에 같은 단어를 여러 번 써도 repetition이고, 한 단락에 한 말을 또 하는 것이 repetition이다.

"We don't know much about AIDS in North Korea, and there are no official figures about AIDS in North Korea," said Christoph Benn, director of external relations for the Global Fund to Fight AIDS, tuberculosis (TB) and malaria. "One can suspect that there are also people who are infected with HIV in North Korea, but there are no statistics, and also our U.N. partners don't have concrete numbers about HIV in North Korea."

"우리는 북한에서의 에이즈에 대해 많이 알지 못하며, 북한에서의 에이즈에 대한 공식적인 수치도 없다"고 the Global Fund to Fight AIDS, tuberculosis(TB) and malaria의 크리스토프 벤이 말했다. "누구든 북한에서 에이즈에 감염된 사람들이 있다고 의심할 수 있으나 통계가 없고, UN 파트너가 북한에서의 에이즈에 대한 구체적인 숫자를 가지고 있지 않다."

▪▶ "We don't know much about acquired immune deficiency syndrome(AIDS) in North Korea, and there are no official figures about the disease," said Christoph Benn, director of external relations for the Global Fund to Fight AIDS, tuberculosis(TB) and malaria. "One can suspect that there are also people who are infected with human immunodeficiency virus(HIV) in North Korea but there are no statistics, and also our U.N. partners don't have concrete numbers about those infected with the virus.

⟫⟫⟫ 한 문장에 같은 단어가 여러 번 반복되어 eyesore하다.
AIDS → disease, HIV → virus로 변형시켜 본다. 이러한 약자는 처음에 나올 때 acquired immune deficiency syndrome(AIDS), human immunodeficiency virus(HIV) 형태로 쓴다.

■ redundancy

불필요한 단어나 숙어 표현 등을 쓰는 것은 군살같이 redundancy이다. 문장의 clarity를 높이는 데 고쳐야 할 치명적인 병이다.

Diageo turns its eyes to the beer market.
디아지오는 맥주 시장으로 시선을 돌리고 있다.
▪▶ Diageo turns to the beer market. 또는 Diageo eyes the beer market.

⟫⟫⟫ turn one's eyes to의 숙어는 turn이나 eye를 동사로 쓰면 간결해진다. repetition을 줄일 수 있다.

exercise

1. 다음 긴 문장을 2개의 문장으로 나눠 보자.

Though about 8 billion people are expected to watch the test of physical strength, agility and speed at the world championships later this month in Daegu, it is expected that most athletics fans will tune in to the main feature attraction, Usain Bolt, the world's fastest man.

약 800만 명이 이달 후반 열리는 세계 챔피언십에서 체력, 민첩성과 속도의 경기를 볼 것으로 전망된다고 해도 대부분의 육상 팬은 주요 관심사인 세계에서 가장 빠른 사나이인 우사인 볼트를 시청할 것으로 보인다.

➡ _____
_____
_____
_____

2. 위 문장을 다시 한 문장으로 요약해 보자.

➡ _____
_____

3. 다음 예문의 긴 한 문장을 짧은 두 개의 문장으로 고쳐 보자.

Those who do not save electricity might be fined as the Korea Electric Power Corp. (KEPCO) thinks of pushing for the introduction of such regulations in the aftermath of the rolling power blackouts last week.

앞으로 전기를 절약하지 않는 사람들은 벌금을 낼 수가 있는데, 이는 한국전력공사가 지난 주 반복된 정전의 여파로 인해 그러한 규제 도입을 추진하려 하기 때문이다.

➡ _____
_____
_____

exercise

4. 아래 밑줄 친 문장은 불필요한 단어가 많고, 문장의 병행 배열(parallelism)에 문제가 있다. 이를 고쳐 보자.

The government is urged to come up with preventive measures because such blasts bring about not only casualties <u>but also health problems and huge damage to the ecosystem.</u>

정부는 폭발 사고가 인명 피해뿐 아니라 건강과 환경에 악영향을 미치기 때문에 예방책을 제시하도록 촉구 받았다.

▶ _____
_____
_____

* 5~6 다음의 긴 한 문장을 3개의 문장으로 나눠보고, 이를 다시 한 문장으로 간결하게 나타내 보자.

Four women have filed a compensation suit against the government, claiming that police officers humiliated them by forcing them to take off their bras while they were in custody.

네 여성은 정부를 상대로 손해배상 소송을 청구했는데, 경찰관들이 강제로 자신들이 유치장에 있는 동안 브래지어를 벗으라고 하면서 굴욕감을 주었다고 주장했다.

5. ▶ _____
_____
_____

6. ▶ _____
_____

* 7~10 다음 문장에서 redundancy가 있는 부분을 고쳐 보자.

7. The movie shows a society lacking in tolerance, love and unity becomes rigid and tensional.

그 영화는 관용, 사랑, 통합이 부족한 사회에는 경직되고 긴장감이 돈다는 것을 보여 준다.

▶ _____
_____

8. Local residents are trying their best to understand new tools and technology.

지역 주민들은 새로운 도구와 기술을 이해하기 위해 최선을 다하고 있다.

▶ _____
_____

9. The most successful people are those who are elegant and thoughtful in talking.

가장 성공적인 사람은 말하는데 있어서 품격있고 사려 깊은 사람들이다.

▶ _____
_____

10. His messages are short, leaving people puzzling over what he says and avoiding trying to teach people.

그의 메시지는 짧아 사람들로 하여금 그가 말한 것을 골똘히 생각하게 하며, 사람들을 가르치려 하기를 피한다.

▶ _____
_____

answers

1. About 8 billion people are expected to watch the test of physical strength, agility and speed at the world championships later this month in Daegu. It is expected that most athletics fans will tune in to the main feature attraction, Usain Bolt, the world's fastest man.

약 800만 명이 이달 후반 열리는 세계 챔피언십에서 체력, 민첩성과 스피드의 경기를 볼 것으로 전망된다. 대부분의 육상 팬은 주요 관심사인 세계에서 가장 **빠른** 사나이인 우사인 볼트를 시청할 것이다.

2. When viewers around the globe turn to the world championship in Daegu later this month, the man they want to see is Usain Bolt.

세계 곳곳의 시청자들이 이달 말 대구 세계챔피언십에 관심을 돌릴 때 그들이 보고자 하는 남자는 우사인 볼트이다.

3. The Korea Electric Power Corp. (KEPCO) Friday suggested fining consumers who fail to meet energy-saving targets. It made the proposal after the rolling power blackouts last week.

》》》》 예시문은 한국어 지문을 word for word로 번역한 것이며 수정문은 한국어 지문을 읽고 영어로 생각하고 쓴 세련된 내용이다.

4. The government is urged to come up with preventive measures because such blasts lead not only to casualties but also to significant health and environmental issues.

》》》》 casualties와 health and environmental issues로서 not only와 but also 사이에 명사로 정리하여 문장이 병행되고, 군더더기 단어, problems을 제거하고 huge damage to the ecosystem을 environmental issues로 정리한다.

5. ① Four women have filed a compensation suit against the government.
   ② They claimed that police officers humiliated them.

③ They were forced to take off their bras while they were in custody.

6. Four women have filed suit against police who ordered them to take off their bras.

7. The movie shows a society lacking in tolerance, love and unity becomes rigid.
〉〉〉〉 단어(word)에서 redundancy를 찾아볼 수 있다. rigid와 tensional은 중복된 비슷한 뜻이므로 한 단어만으로도 나타낼 수 있다.

8. Residents try to understand new tools and technology.
〉〉〉〉 구(phrase)에서 redundancy를 찾아볼 수 있다. 영작에서 숙어는 동사보다 길고 뜻도 덜 명확하다. 즉 trying their best to understand로 try to understand로 줄일 수 있다. 또한 residents는 local 사람이기에 local은 불필요한 단어이다.

9. The most successful people are those who talk elegantly and thoughtfully.
〉〉〉〉 절(clause)에서 redundancy를 찾아볼 수 있다. 형용사 elegant and thoughtful을 부사 elegantly and thoughtfully로, 명사 talking을 동사로 바꾸어 보면 문장이 깔끔해진다. 영작을 할 때 주어와 동사만 잘 선정하면 50% 정도는 성공했다고 할 수 있다.

10. His messages are short, thought-provoking and insightful.
〉〉〉〉 문장(sentence)에서 redundancy를 찾아볼 수 있다. leaving people puzzling over what he says를 thought-provoking으로, avoiding trying to teach people을 insightful으로 바꾸면 문장의 redundancy가 줄고, 문장의 배열이 병행(parallelism)이 되고 뜻이 명확해진다.

Rewriting을 위한 10가지 checklist

Rewriting을 위한 10가지 checklist

① Rewriting 순서는 문법(grammar), 적합한 단어(language)의 사용, 문장의 구조(sentence structure)이다. 이 순서로 3번 rewriting하면 더 좋은 writing을 할 수 있다.

② Spell checking, 문장의 시제(tense), punctuation 등 문법적 오류를 확인한다.

③ 최대한 단어를 줄인다. 적합한 단어를 사용했는지 확인한다.

④ 통계·숫자 등의 사실 관계, 출처(source) 등을 확인한다.

⑤ 표절(plagiarism) 여부를 확인한다.

⑥ 여러 번 읽어야 이해할 수 있는 문장이 있는지 확인한다. 문장이 길거나 이해하기 어려운 경우는 문장 구조(sentence structure) 때문이다. 단문(simple sentence)으로 줄이거나 한 문장을 2~3개의 문장으로 나누어 본다.

⑦ 문장의 흐름과 리듬을 확인한다. 즉 연결어와 구(transition words and phrase) 사용으로 문장의 흐름과 리듬을 매끈하게 한다.

⑧ 빠진 내용이나 불필요한 내용이 있는지 확인한다.

⑨ 논리(logic)의 전개가 객관적인지 확인한다.

⑩ www.grammarly.com에서 최종적으로 문법을 확인한다.

영작에서 rewriting은 필수조건이다. 일단 쓴 내용을 (1) grammar 확인, (2) language 확인, (3) sentence structure 순으로 확인하면 보다 더 세련된 문장이 된다. 영작이란 never-ending process이다. 여러 번 rewriting할수록 좋은 영작이 된다. 자신이 rewriting한 essay나 report를 비교해 보면, 본인은 모르지만 똑같은 실수를 반복한다는 것이다. 즉 rewriting을 통해 나만의 writing 문제점이 무엇인지를 파악하고 이것을 개선해 나간다면, writing에 훨씬 자신을 가질 것이다.

* Rewriting은 전문가의 지도를 받으면 최상이나, 여의치 않을 경우 www.grammarly.com을 사용하여 확인하면 상당한 self-study가 된다.

1. Rewriting 순서는 문법(grammar), 적합한 단어(language)의 사용, 문장의 구조(sentence structure)이다. 이 순서로 3번 rewriting 하면 더 좋은 writing을 할 수 있다.

(1) 문법 check: 관사(a와 the)

> The Korea Baseball Organization(KBO) unanimously approved KT as the owner of (a ➡ the) 10th team in January.
> 한국야구위원회는 지난 1월 KT를 프로야구 10번째 팀의 구단에 만장일치로 승인했다.
> 〉〉〉〉 몇 번째를 지칭할 때는 the를 사용한다.

(2) 단어(word choice) check

The Internet has a Janus face.

인터넷은 두 가지 얼굴을 가지고 있다.

▶ **The Internet can be two-faced.**

〉〉〉〉 Janus는 로마 신화에 나오는 두 가지 얼굴을 가진 수호신이다. 그러나 Janus 대신 two-faced로 고치면 독자의 이해도를 높일 수 있다.

Suicide is no longer an individual (problem ▶ choice).

자살은 더 이상 개인의 (문제가 ▶ 선택이) 아니다.

〉〉〉〉 단어 선택도 문장의 이해도를 높인다. suicide는 개인적 선택에 관한 것이므로 individual problem보다 individual choice를 사용하는 것이 적절하다.

(3) 문장 구조(sentence structure) check

Suicide is no longer an individual choice. It can be preventable through social care.

자살은 더 이상 개인의 선택이 아니다. 그것은 사회 복지를 통해 예방될 수 있다.

▶ **Suicide is no longer an individual choice, and is preventable through social care.**

〉〉〉〉 두 문장을 한 문장으로 고친다. 특히 한 문장으로 고침으로써 14단어에서 13단어로 줄고, is no longer an individual problem 그리고 is preventable through social care로 문장이 병행 나열되어 rhythmic하다.

2. Spell checking, 문장의 시제(tense), punctuation 등 문법적 오류를 확인한다

Ice dance competitors from the International Skating Union(ISU) member country hosting the Olympic Winter Games do not qualify.

동계올림픽을 개최하는 ISU 회원 가입국 출신 아이스 댄스 참가자들은 자격 조건에 부합하지 못한다.

▶ Ice dancing competitors from the country hosting the Olympic Winter Games do not qualify.

»»» Ice dance는 ice dancing의 misspelling. The Olympic Winter Games를 host하는 나라는 ISU member country이니 ISU member는 불필요하다.

3. 최대한 단어를 줄인다. 적합한 단어를 사용했는지 확인한다.

Justin Hammonds provides eye-catching solutions to quickening your reading speed.

저스틴 해먼즈는 읽기 속도를 빠르게 하는 눈에 띄는 해결책을 제공한다.

▶ Justin Hammons provides tips for improving your reading speed.

»»» an eye-catching solution을 한 단어로 고치면 tips이다. quickening을 improving으로 하면 더욱 내용이 명확해진다.

4. 통계·숫자 등의 사실 관계, 출처(source) 등을 확인한다

Lithuania's suicide rate was the world's highest in 2011.
➡ Korea's suicide rate was the world's highest in 2011.

⟩⟩⟩⟩ 한국은 2011년 자살율이 세계 최고였다. 리투아니아는 2위였다. 사실 확인이 중요하다.

5. 표절(plagiarism) 여부를 확인한다

If you dreamed a dream of seeing Les Misérables' live onstage in Toronto again, that dream will come true soon.

⟩⟩⟩⟩ 위 문장을 www.grammarly.com에서 plagiarism check를 하면 아래와 같이 website에서 표절이라고 문제를 제기한다.

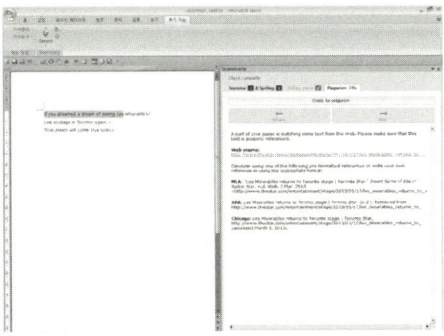

6. 여러 번 읽어야 이해할 수 있는 문장이 있는지 확인한다. 문장이 길거나 이해하기 어려운 경우는 문장 구조(sentence structure) 때문이다. 단문(simple sentence)으로 줄이거나 한 문장을 2~3개의 문장으로 나누어 본다.

The finance ministry has decided not to levy income tax on priests, monks and other members of religious orders in the near future in the face of strong opposition from religious groups.

기획재정부는 종교 단체의 강한 반대에 직면해 신부, 스님 및 기타 종교인들에게 당분간 과세하지 않기로 결정했다.

▶ **The finance ministry will delay levying income tax on religious leaders in the face of opposition from religious groups.**

》》》 decided not to ~ in the future는 delay 한 단어로 고칠 수 있다. Priests, monks and other members of religious orders는 religious leaders(종교 지도자)로. Opposition은 strong한 것이니, strong을 빼도 된다. Opposition이 weak한지 strong한지는 주관적 문제이다. 종교인 과세를 연기한 것 자체가 strong opposition의 결과이다.

7. 문장의 흐름과 리듬을 확인한다. 연결어와 구(transitional word and phrase) 사용으로 문장의 흐름과 리듬을 매끈하게 한다.

* 괄호 안의 번호에 적절한 transitional word를 넣어 보자.

> The effectiveness of overseas language training is still unclear. (1) while overseas, some students reportedly hire friends to attend classes in their place. (2) Many Korean students room together at the dorms, and (3) end up communicating mostly in Korean than in the foreign language they intended to learn. Without using the foreign language daily, it would be difficult to gain fluency.
>
> 해외 어학 연수의 효과는 여전히 불확실하다. 해외 기간 중에 일부 학생들은 수업에 참석하기 위해 친구들을 고용한다고 한다. 많은 한국 학생들이 기숙사에서 방을 같이 쓰고 있으며 배우려 하는 외국어보다 대부분 한국어로 의사소통을 하게 된다. 매일 외국어를 사용하지 않으면 유창하기 어려울 것이다.
>
> ▶ (1) For instance, (2) Moreover, (3) thus
>
> »»» The effectiveness of overseas language training is still unclear. (1), while overseas, some students reportedly hire friends to attend classes in their place.
>
> 이 문장에서 The effectiveness of overseas language training is still unclear.의 내용 뒤에 예를 든 내용이 나오니 for instance,를 쓴다. 즉 해외 언어 연수의 효과가 불분명하다. 예를 들면 while overseas, some students reportedly hire friends to attend classes in their place. 외국 체류 중에 일부 학생은 친구에게 자기 대신 수업 들으라고 한다.

(2) 거기에다 (Moreover), many Korean students room together at the dorms. 많은 한국 학생이 기숙사를 같이 사용한다. (3) and (thus) end up communicating most in Korean than in the foreign language they intended to learn. 그래서 자신이 배우려는 외국어 대신 한국어로 대화한다. transition words를 잘 사용하면 기사의 흐름(flow)과 리듬(rhythm)을 살릴 수 있다.

8. 빠진 내용이나 불필요한 내용이 있는지 확인한다

The transition team unveiled the restructuring plan without consultations with the ruling party, (   ) members to harbor hard feeling about the way it works.

〉〉〉〉 예시 문장에서 members 앞에 동사가 빠짐. leading을 추가.

To harbor hard feeling about the way it works는 to question the way the decision is made. 정도로 고치면 명확하다. Harbor hard feeling을 question 으로 수정한다.

▣▶ **The transition team unveiled the restructuring plan without consultations with the ruling party, leading members to question the way the decision is made.**

인수위가 여당과 논의 없이 쇄신 방안을 공개한 것은 그 작동 방식에 대해 악한 감정을 품게 만들었다.

9. 논리(logic)의 전개가 객관적인지 확인한다

logic이란 주제로 책 한 권으로도 설명이 부족하다. 국문에서는 기승전결 방식, 연역법, 두괄식 등 여러 가지 논리 전개 방식이 있다. 영어에서는 결론을 맨 앞에서 정리하는 역피라미드 방식과 결론을 뒤에 내는 피라미드 방식이 있다. 아무리 좋은 문장도 logic이 결여되면 좋은 메시지를 전할 수 없다. 이런 논리 전개 방식은 각자 따로 학습을 하는 것이고 이 책의 범위를 벗어난다. 다만 부록에서 다룬 5-paragraph method, 역피라미드 방식의 신문 기사 작성법을 익히는 것도 logic 훈련에 큰 도움이 된다.

10. www.grammarly.com에서 최종적으로 문법을 확인한다

이 책의 부록에 나와 있는 자가 영작 학습법을 www.grammarly.com으로 체험해 본다.

♠ Rewriting 실습

한국은 스마트폰과 인터넷 중독을 해결해야 한다(Korea needs to address smartphone and Internet addiction)라는 주제로 칼럼 쓰는 과정을 점검함으로써 그 동안 이 책에서 다룬 시사 영작의 공식을 총정리해 볼 수 있다.

(1) 우선 에세이나 칼럼을 쓸 때 이야기를 어떻게 전개할 것인지 구상한다.
(2) 저자의 주장을 객관화할 수 있는 관련 자료와 data를 수집한다.
(3) 초안(draft)을 작성한다.
(4) 영어 표현, 문법 등을 rewriting한다.
(5) 친구나 전문가로부터 초안(draft)에 대한 논평(comment)을 수집한다.

여기에서 특히 주목할 점은
(1) topic sentence란?
(2) one paragraph에 one idea 설명 원칙이란?
(3) sentence structure(문장의 구조)의 골격인 simple sentence, complex sentence, compound sentence and complex-compound sentence 이해
(4) story development에서 피라미드 방식과 역피라미드 방식의 차이점 이해

● 에세이·칼럼 작성도

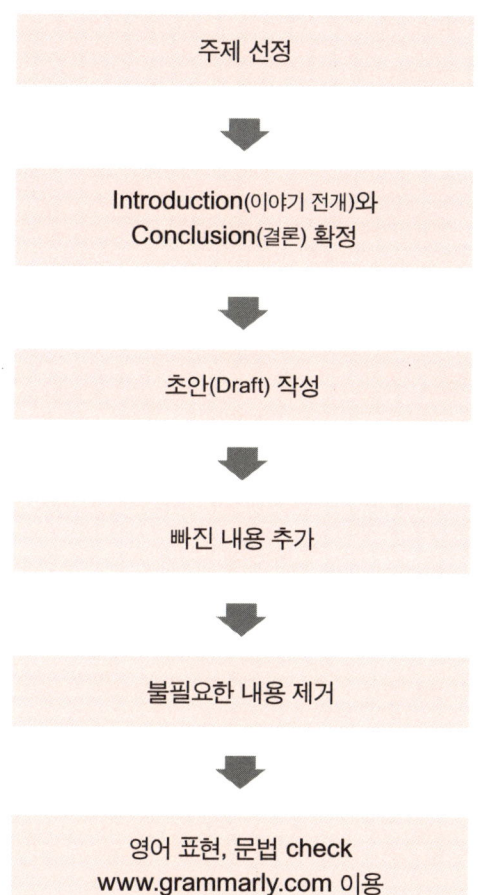

Developing story idea(스토리 아이디어 전개)

1. 도입(introduction): **Koreans are preoccupied with interconnectivity.**
한국인들은 상호연결성에 빠져 있다.

2. 본론(body): 스마트폰, 인터넷 중독, 정부 대책, 중독의 정의, 중독자 판별 방법으로 구성.

Topic Sentence 1

Smartphone addiction is widespread in Korea.
(스마트폰 중독이 국내에 만연해 있다)라는 예시로 3가지 현상을 나열

example 1) 8.4 percent of smartphone users are addicts.
스마트폰 사용자 중 8.4%가 중독자들이다.

example 2) 10.1 percent of Koreans overuse SNS.
한국인 중 10.1%가 SNS를 과용하고 있다.

example 3) 9.3 percent of high-risk smartphone addicts post unpleasant comments.
9.3%를 차지하는 고위험군 스마트폰 중독자들은 불쾌한 댓글을 올린다.

Topic Sentence 2

Internet addiction is also widespread.

(인터넷 중독 역시 만연해 있다)의 예시

example 1) 7.7 percent of Koreans are Internet addicts.
한국인 중 7.7%가 인터넷 중독자이다.

example 2) 1.7 percent are high-risk addicts.
1.7%는 고위험군에 속해 있다.

example 3) Some populations are vulnerable.
일부 사람들은 취약하다.

또한 젊은 사람도 addiction에 취약하다는 예시 Young people are vulnerable. 4가지 열거. 남자가 여자보다 중독에 취약하다는 내용 적시.

example 1) 7.9 percent of children aged 5-9 are addicts.
5~9세 어린이의 7.9%는 중독자들이다.

example 2) 10. 4 percent of adolescents are addicts.
청소년 중 10.4%는 중독자이다.

example 3) Of these young people, 4.1 percent are high-risk addicts.
젊은 층 가운데 4.1%는 고위험군에 속해 있다.

example 4) Adolescents from certain families have a higher risk.
특별한 가정에 속한 청소년들은 고위험군에 속해 있다.

example 5) Men are more vulnerable than women.
남자들이 여자들보다 더욱 취약하다.

Topic Sentence 3

정부의 7가지 대책 열거.

The government understands the seriousness of these issues, and have implemented various programs.

(정부는 이러한 사안의 심각성을 이해하고 다양한 프로그램을 시행했다.) 이를 two paragraphs로 구성한다.

example 1) The Ministry of Health and Welfare will provide insurance coverage.

보건복지부는 의료보험을 제공할 계획이다.

example 2) The government has opened the Korea Internet Anti-addiction Center in 2002.

정부는 2002년에 한국인터넷중독센터를 개소했다.

example 3) The center has introduced criteria for identifying and classifying addicts.

이 센터는 중독자들을 구분 및 분류하는 기준을 도입했다.

example 4) The government plans to open Internet addiction-rescue schools.

정부는 인터넷 중독 구조 학교를 개교할 계획이다.

example 5) The government will provide lectures to soldiers.

정부는 군인들에게 강의를 제공할 계획이다.

example 6) The government will test fourth to seventh graders.

정부는 초등학교 4학년부터 중학교 1학년 학생들을 대상으로 조사할 것이다.

example 7) The Ministry of Culture has developed a program for sorting out online game addicts, and will increase the number of centers.

문화체육관광부는 온라인 게임 중독자를 가려낼 수 있는 프로그램을 개발했고, 상담소의 수를 늘릴 예정이다.

Topic Sentence 4

정부 정책에 대한 지지자의 의견 3가지 열거

Supporters of the government's view

example 1) Supporters believe these addictions cause psychological disorders.

지지자들은 이러한 중독이 심리 장애를 가져온다고 믿는다.

example 2) They believe these addictions alter the brain structure.

이들은 이러한 중독이 뇌 구조를 변화시킨다고 믿는다.

example 3) They acknowledge that the addictions may be symptoms of psychological disorders or interpersonal problems.

이들은 이러한 중독이 심리 장애나 대인 간 문제의 징후가 될 수 있다고 인정한다.

Topic Sentence 5

스마트폰과 인터넷 중독증에 대한 반대자의 의견 2가지 열거

Opponents of the view

example 1) Academics say more research is required.

학계에서는 보다 많은 연구가 필요하다고 본다.

example 2) Other opponents say that these are not real addictions.

반대자들은 이러한 것이 진짜 중독은 아니라고 말한다.

Topic Sentence 6

중독자를 판정하기 위한 국제 전문가의 5가지 기준 제시

example 1) Dr. Mark Griffiths has identified five criteria for diagnosing smartphone and Internet addicts.
그리피스 박사는 인터넷과 스마트폰 중독을 진단하는 5가지 기준을 밝혔다.

3. 결론(conclusion):

3가지 방향 제시

example 1) Not all mobile and online activities indicate addiction.
모든 모바일이나 온라인 활동이 중독을 의미하지는 않는다.

example 2) However, when mobile gadgets and the Internet are overused, destructive behaviors may result.
그러나 모바일 기기와 인터넷이 과용되면 파괴적인 행동이 나타날 수 있다.

example 3) Koreans need to take a preventive stance.
한국인은 예방하는 자세를 취해야 한다.

쓸 내용을 introduction, body, conclusion의 순으로 개요를 서술한(outline) 후 이제 writing을 시작한다.

전개 부분(introduction)

Many foreigners marvel at Koreans' engrossment in smartphones. For instance, in a subway car, people would often see more than half of the passengers, especially young ones, so completely absorbed in

their mobile devices that some of them sometimes miss their stops.

많은 외국인들은(Many foreigners) 한국 사람들이 스마트폰에 빠져든 것에(at Koreans' engrossment in smartphones) 놀란다(marvel). 예를 들어(For instance) 지하철에서(in a subway car) 반 이상의 사람들(more than half of the passengers), 특히 젊은 사람들이(especially young ones) 휴대 기기에 완전이 몰입한 나머지(so completely absorbed) 내릴 정류장을 지나치는 경우를(that some of them sometimes miss their stops) 심심치 않게 보게 된다(people often see).

Memo 1 외국인이 보는 한국인의 스마트폰에 대한 집착에 대한 놀라움을 introductory sentence로 함으로써 국제 비교를 자연스럽게 했다. 그 예로 전철 이용자의 절반 정도가 스마트폰에 너무 몰입한 나머지 일부 승객들은 하차역을 지나칠 때도 있다고 제시하여 스마트폰 중독성의 심각성에 대해 기사가 전개될 것임을 암시한다.

Memo 2 Smartphone을 mobile device로 표현하여 단어가 반복되지 않게 고심. Passengers가 나왔으니 young passengers는 young ones로 변화시켰다.

Memo 3 marvel은 자동사이다.

Memo 4 For instance라는 transition word를 사용하여 문장의 리듬과 flow를 자연스럽게 했다.

Memo 5 Engrossment와 같은 뜻의 absorbed in을 사용한 것에 주목하라.

Memo 6 so ~ that 문장을 사용한 것에 주목하라.

Memo 7 one would로 시작 third-person article로 전개. I would often see로 시작하는 것보다 People would often see로 시작해서 독자와 같이 이 기사를 읽는 여행(journey)을 시작하려는 의도가 눈에 띈다.

Main Body

본론 부분 1

Smartphone addiction, often called communication addiction disorder, is a serious problem in Korea. (1) A 2011 study shows that 8.4 percent of smartphone users in Korea are considered addicts. In addition, (2)10.1 percent of Koreans overuse social networking services such as Facebook and YouTube. (3) Smartphone addicts refer to those who are wanting to be in constant, sometimes unnecessary communication with other people. This impulse leads addicts to commit hurtful behavior. (4) For instance, the study shows that about 9.3 percent of high-risk smartphone addicts post slanderous and malicious comments online.

의사소통 중독 장애라고 일컬어지기도 하는 스마트폰 중독은(Smartphone addiction, often called communication addiction disorder) 한국에서 심각한 문제다(is a serious problem in Korea). 2011년 한 연구에 따르면(A 2011 study shows) 국내 스마트폰 사용자 중 8.4%를(8.4 percent of smartphone users in Korea) 중독자로 볼 수 있다고 한다(are considered addicts). 이에 더해(In addition) 10.1%는(10.1 percent of Koreans) 페이스북이나 유튜브 같은(such as Facebook and YouTube) 소셜 네트워킹 서비스를 과용한다(overuse social networking services)고 한다. 스마트폰 중독자들은(Smartphone addicts) 타인과의 끊임없는, 때로는 불필요한 의사소통을 원하는 사람들을(those who are wantig to be in constant, sometimes unnecessary communication with other people) 지칭한다(refer to). 이런 충동은(This impulse) 중독자들이 상처를 주는 행동을 초래한다(leads addicts to commit hurtful behavior). 예를 들어(For instance) 9.3%의 고위험군 스마트폰 중독자들은(about 9.3 percent of high-risk smartphone addicts) 남을 비방하는 악의적인 댓글을 온라인에 올린다(post slanderous and malicious comments online).

Memo 1 이 paragraph의 topic sentence는 (Smartphone addiction, often called communication addiction disorder, is a serious problem in Korea.)이다. Smartphone addiction이 얼마나 심각한지를 반영하는 예시 4가지 (1)~(4)로 들었다.

Memo 2 2011년 study라는 내용은 source가 어디인지 밝히면 더욱 객관성을 높일 수 있다. 그러나 구체적인 수치를 적시함으로써 독자가 현황 파악을 쉽게 하도록 했다.

Memo 3 Smartphone addicts are described라고 수동태 대신 Smartphone addicts refer to thoes~로 능동태를 사용하고 있다. 또한 are considered addicts를 are addicts로 rewriting하여 수동태 사용을 피하려고 노력했다.

Memo 4 For instance(Transition words and phrase)를 사용하여 문장의 흐름을 자연스럽게 하고 있다.

Memo 5 who are wanting to be에서 who are는 삭제해도 된다.

Memo 6 This라는 지시 대명사는 (3)번 문장 전체를 지칭하는 것이다. This를 사용하여 문장을 짧게 쓰려고 노력한 흔적이 있다. Smartphone addicts refer to those who are wanting to be in constant, sometimes unnecessary communication with other people, of which impulse leads addicts to commit hurtful behavior.라 사용하면 of which가 앞 문장 전체를 수식하는지 아니면, with other people를 수식하는지 독자의 이해에 혼선을 줄 수 있다. 적절한 지시 대명사를 사용하여 문장을 줄였다.

Memo 7 slanderous한 것은 malicious하니 두 단어 중 한 단어만 써도 된다.

본론 부분 2

> Internet addiction is a closely related addiction to pornography and online gambling, and is another serious problem in Korea. (1) The same 2011 study shows that 7.7 percent of Koreans are

Internet addicts, with 1.7 percent considered high risk and needing immediate medical treatment. (2) Although this addiction can affect everyone, certain members of the population seem more vulnerable than others. (3) Young people seem particularly susceptible — 7.9 percent of children aged 5-9 and 10.4 percent of adolescents are considered addicts. Of this demographic, 4.1 percent are high risk. (4) Adolescents from low-income, multicultural and single-parent families, in particular, show a higher addiction rate. (5) Men are also shown to be more susceptible than women.

인터넷 중독은(Internet addiction) 음란물 및 온라인 도박과 밀접한 연관이 되고(is a closely related addiction to pornography and online gambling) 또 하나의 심각한 문제이다(and is another serious problem in Korea). 2011년의 같은 연구 결과에 따르면(The same 2011 study shows) 한국인 중 7.7%가 인터넷 중독이며(7.7 percent of Koreans are Internet addicts), 1.7%는 고위험군이어서 당장 치료가 필요한 상태이다(with 1.7 percent considered high risk and needing immediate medical treatment). 이 중독은 모든 사람들에게 영향을 미칠 수 있지만(Although this addiction can affect everyone) 특정 사람들은 다른 사람들보다 더 쉽게 영향을 받는다(certain members of the population seem more vulnerable than others). 젊은 사람들이 특히 취약한 것 같다(Young people seem particularly susceptible). 5~9세의 어린이들 중 7.9%와 청소년 중 10.4%가(7.9 percent of children aged 5~9 and 10.4 percent of adolescents) 중독으로 간주된다(are considered addicts). 이 인구 중(Of this demographic) 4.1%는 고위험군이다(4.1 percent are high risk). 저소득층, 다문화 가정, 한 부모 가정의 청소년들이(Adolescents from low-income, multicultural and single-parent families), 특히(in particular) 중독이 심하다는 것을 보여 준다(show a higher addiction rate). 또한 남자들은 여자들보다 더욱 취약한 것으로 나타났다(Men are also shown to be more susceptible than women).

Memo 1 이 paragraph의 topic sentence는 Internet addiction is a closely related addiction and is another serious problem in Korea.이다. 이를 설명하는 예시를 (1)~(5)까지 제시했다. 이 body에서는 인터넷의 중독성 현황을 자세히 설명하고 있다. Topic sentence에서 is a closely related addiction을 사용함으로써 앞 paragraph의 smartphone addiction과 관련하여 기사 전개를 하고 있음을 암시한다.

Memo 2 The same을 씀으로써 같은 자료에서 인용되고 있음을 알려준다.

Memo 3 with 1.7 percent considered high risk and needing immediate medical treatment는 The study also shows that 1.7 percent of Koreans is high-risk, and need immediate medical treatment.라는 문장을, with라는 구를 사용하여 주어가 같은 related sentence를 합쳤다.

Memo 4 affect보다는 afflict가 더 정확한 word choice이다.

Memo 5 7.7 percent of Koreans, 1.7 percent of Koreans를 7.7 percent of Koreans, 1.7 percent로 사용하여 문장의 conciseness를 높이려 노력했다. 불필요한 단어는 가능한 한 줄인다.

Memo 6 Young people seem particularly susceptible — 7.9 percent of에서 dash를 사용함. dash 사용법을 알면 문장을 훨씬 간결하게 만들 수 있다.

Memo 7 show a higher addiction rate는 비교급이니 비교 대상을 적시해야 한다. 즉 show a higher rate than their peers로 나타낸다.

Memo 8 Men are shown to be more vulnerable than women은 수동태이니, Men are reportedly more vulnerable than women이 적절하다. 아니면 The study shows that men are more vulnerable than women으로 수정할 수 있다.

Memo 9 이 paragraph도 who, which 등을 쓰지 않고 문장을 짧게 쓰려는 저자의 의도가 보인다.

Memo 10 대부분의 문장의 주어가 사람을 지칭한다. 주어는 I, we, they 등 사람으로 하는 게 문장 작성이 쉬워진다. 또한 human story임을 강조한다.

본론 부분 3: 정부 대책 (1)

Policymakers understand the seriousness of these addictions in Korea, and thus have implemented various treatment and prevention measures. (1) For instance, the Ministry of Health and Welfare plans to provide health insurance coverage to those addicted to smartphones and Internet. (2) It considers these addictions similar to smoking and alcohol addictions. It plans to provide accessible and affordable treatment.

(3) The government has also opened the Korea Internet Addiction Center in 2002, making Korea the first country in the world to do so. (4) Through this center, Korea became the first to introduce criteria for identifying and classifying Internet addicts. (5) The government also plans to open Internet addiction-rescue schools that would provide medical treatment and appoint counselors to addicts.

정책입안자들은(Policymakers) 국내의 이 같은 중독의 심각성을 알고 있고(understand the seriousness of these addictions in Korea), 따라서 다양한 치료와 예방 대책을 도입했다 (and thus have implemented various treatment and preventive measures). 예를 들면(For instance), 보건복지부는(the Ministry of Health and Welfare) 인터넷과 스마트폰 중독자들에게(to those addicted to smartphones and Internet) 의료보험으로 제공할 계획이다(plans to provide health insurance coverage). 보건복지부는 이러한 중독이(these addictions) 흡연 중독 및 알코올 중독과 비슷하다고(similar to smoking and alcohol addictions) 간주한다 (considers). 당국은(It) 지원 가능하고 실제로 사용 가능한 치료를 제공할 계획이다(plans to provide accessible and affordable treatment).

또한 정부는(The government) 2002년 세계 처음으로 한국 인터넷 중독 센터를 열어(has also opened the Korea Internet Anti-addiction Center in 2002) 세계에서 첫 번째로 이것을 시도한 국가가 되었다(making Korea the first country in the world to do so). 한국은 이 센터를 통

> 해(Through this center) 인터넷 중독자를 구분, 분류하고자(for identifying and classifying Internet addicts) 기준을 처음으로 도입한 국가가 되었다(became the first to introduce criteria). 정부는(The government) 또한 중독자들에게 치료를 제공하고 상담자를 정할(that would provide medical treatment and appoint counselors to addicts) 인터넷 중독 구조 학교를 열 계획이다(also plans to open Internet addiction-rescue schools).

Memo 1 이 paragraph도 topic sentence인 Policymakers understand the seriousness of these addictions in Korea, and thus have implemented various treatment and prevention measures.로 시작한다. 정부 조치의 예시를 5개 제시한다. 한 paragraph에서 topic sentence를 뒷받침하는 예시는 3가지 정도가 가장 이상적이나 여기서는 이례적으로 5가지를 설명하고 있다. 한 paragraph는 one topic sentence + 3개의 관련 문장이 기본 원칙이다. 이 원칙은 독자가 한 paragraph를 읽고 기억할 수 있는 key words는 3~4개라는 경험적 원칙에 의거한다.

Memo 2 to those addicted to smartphone and Internet을 to smartphone and Internet addicts로 정리하면 더욱 concise해진다.

Memo 3 It considers these addictions similar to smoking and alcohol addictions. It plans to provide accessible and affordable treatment.를 주어가 같은 it이므로 It considers these addictions similar to smoking and alcohol addictions, and plans to provide accessible and affordable treatment.의 한 문장으로 만들어 볼 수 있다.

And로 연결될 경우, and 앞에 콤마(,)를 사용한다. 또한 It plans to provide treatment to all addicts at affordable prices를 plans to provide accessible and affordable treatment도 사용, to all addicts와 at affordable prices를 짧게 정리한다. 형용사 accessible and affordable을 단어의 병행론(parallelism) 원칙으로 배열한다.

Memo 4 The Korea Internet Addiction Center는 The Korea Internet Anti-addiction Center로 공식 영문 명칭을 사용한다.

Memo 5 identifying and classifying Internet addicts는 Identifying Internet addicts and classifying them보다 동사를 연속 배열함으로써 간결하게 쓴다. parallelism은 문장 작성을 간단하게 하기 위한 중요한 tool이다.

Memo 6 medical treatment and appoint counselors to addicts.를 단어의 parallelism 원칙을 지키기 위해 medical treatment and counseling to addicts로 한다. 단어를 배열할 때도 같은 격(medical treatment and counseling)으로 배치한다. 앞에는 medical treatment 뒤에는 counselors로 열거하면 치료와 카운셀러(사람)의 모순이 생긴다.

정부 대책 (2)

Furthermore, (1) the government plans to provide preventive lectures to soldiers who use smartphones at barracks at the risk of imprisonment. (2) The military says smartphone use pose high security risks. (3) The government will also test students in the fourth to seventh grades to identify those that may be affected and provide them with mental health treatment. Similarly, (4) the Ministry of Culture, Sports and Tourism has completed a program for sorting out online game addicts, and will continue to increase the number of available counseling centers.

게다가(Furthermore) 정부는(the government) 부대에서 영창 갈 각오로(at barracks at the risk of imprisonment) 스마트폰을 사용하는(who use smartphones) 군인들에게 예방 차원의 강의를 제공할 계획이다(plans to provide preventive lectures to soldiers). 군에 따르면(military says) 스마트폰의 사용은 보안을 노출시킨다(smartphone use pose high security risks). 정부는(The government) 영향을 받을 수 있는 사람들을 확인하기 위해(to identify those that may be affected) 초등학교 4학년부터 중학교 1학년 학생들을 대상으로 조사해서

(will also test students in the fourth to seventh grades) 치료할 예정이다(and provide them with mental health treatment). 마찬가지로(Similarly) 문화체육관광부는(the Ministry of Culture, Sports and Tourism) 온라인 게임 중독자들을 분류하는 프로그램을 완성했고(has completed a program for sorting out online game addicts) 이용 가능한 상담소의 수를 늘릴 예정이다(and will continue to increase the number of available counseling centers).

Memo 1 이 단락에서는 정부 대책을 더 부연 설명하기 위해 Furthermore라는 transition word를 사용하여 앞 문장과 연결성을 나타내고 있다. 여기서 Furthermore와 similarly라는 transition words를 사용함으로써 문장과 문장의 리듬과 흐름을 매끈하게 하고 있다.

Memo 2 at the risk of imprisonment는 although they may risk in being imprisoned라는 문장을 짧게 표현한 기술도 돋보인다. at the risk of라는 어휘를 사용할지 알면 문장을 짧게 쓸 수 있다.

Memo 3 those that may be affected를 addicts한 단어로 쓸 수 있다.

Memo 4 online game은 online gaming의 misspelling이다.

Memo 5 will continue는 plans의 한 단어로 표현이 가능하다.

본론 부분 4: 스마트폰, 인터넷 중독에 대한 우려를 표시하는 주장 (1)

Those who support this view that smartphone and Internet addiction are legitimate clinical disorders argue that the overuse of smartphones and the Internet among addicts is so severe as to cause dissociation, disorientation, time distortion and compulsion. (1) Further, they contend that the excessive use of computer and mobile gadgets changes an addict's brain structure, impairing short-term memory and decision-making abilities. (2) According to them, those addicted to online activities such as online sex, game, gambling,

pornography and shopping need to be closely monitored.
스마트폰과 인터넷 중독이 합법적인 임상 질환(장애)이라는 이 같은 관점을 지지하는 사람들은(Those who support this view that smartphone and Internet addiction are legitimate clinical disorders) 중독자들 중에 스마트폰과 인터넷의 과도한 사용이(the overuse of smartphones and the Internet among addicts) 분열, 지남력 상실, 시간 왜곡, 강박 행위 등을 일으킬 만큼 심각하다고(is so severe as to cause dissociation, disorientation, time distortion and compulsive acts) 주장한다(argue). 게다가(Further), 그들은 컴퓨터와 휴대용 기기들의 과도한 사용이(the excessive use of computer and mobile gadgets) 중독자들의 뇌 구조, 단기 기억 상실, 의사 결정 능력을 변화시킨다고(changes an addict's brain structure, impairing short-term memory and decision-making abilities) 주장한다(contend). 그들에 따르면(According to them) 온라인 섹스, 게임, 도박, 음란물, 쇼핑 같은 활동들에 중독된 사람들은(those addicted to online activities such as online sex, game, gambling, pornography and shopping) 철저한 관찰이 필요하다(need to be closely monitored).

Memo 1 이 paragraph에서 topic sentence는 Those who support this view —.로서 이를 부연하는 예시 (1)~(2)를 들었다.

Memo 2 Those who support this view that smartphone and Internet addiction are legitimate clinical disorders가 주어로서 너무 길다. 예를 들면 Some doctors(일부 의사들) 정도로 해도 무방하다.

Memo 3 argue라는 동사를 씀으로써 주장하다. 논쟁하다라는 의미를 부여한다. say보다 더 강한 단어를 사용한다. 또한 contend를 사용한 것도 주목해 볼 필요가 있다. 이 또한 say보다 훨씬 opinionated되고 강한 표현이다. 저자의 의견과 다를 수 있다는 것을 암시한다. excessive use를 overuse라는 한 단어로 고칠 수 있다.

Memo 4 is so severe as to를 severe enough로 짧게 rewriting한다.

Memo 5 Further, according to them 등의 transition words and phrase 사용으로 기사의 리듬과 흐름을 매끄럽게 한다.

Memo 6 need to be closely monitored 를 need close monitoring의 능동태로

사용한다.

Memo 7 game은 gaming의 misspelling이다.

본론 부분 5: 스마트폰과 인터넷 중독증에 대한 반대 의견 (1)

> However, supporters of this view acknowledge that such addictions are not the problems themselves, but may be symptoms of underlying emotional troubles such as depression, anxiety and disorientation, or interpersonal difficulties such as general stress, loss of job, and marital, financial or academic problems. (1) According to supporters of this view, these addicts search for online activities as a coping mechanism.
>
> On the other hand, not everyone agrees with this view. (2) For instance, academics say that further research is required to show whether smartphone and Internet addiction are mental illnesses that needs clinical treatment. (3) The United States has been having a similar debate and has yet to arrive at a consensus.

그러나(However) 이런 관점의 지지자들은(supporters of this view) 그러한 중독들이 문제는 아니라는 것을(such addictions are not the problems themselves) 인정하지만(acknowledge) 우울, 불안, 지남력 상실 같은 것(such as depression, anxiety and disorientation)이거나 일반적인 스트레스, 실직, 결혼, 금전이나 학력 문제 같은(or interpersonal difficulties such as general stress, loss of job, and marital, financial or academic problems) 기저에 흐르는 감정적인 문제들의 증상일 수 있다는 것이다(may be symptoms of underlying emotional troubles).

반면(On the other hand) 모든 사람들이 이 관점에 동의하는 것은 아니다(not everyone agrees with this view). 예를 들어(For instance) 학계에서는(academics) 더 많은 연구들이(further research) 스마트폰과 인터넷 중독이 병적 치료가 필요한 정신적 질환인지 아닌지(whether smartphone and Internet addiction are mental illnesses that need clinical treatment) 보여

줘야 한다고(is required to show) 말한다(say).

Memo 1 Topic sentence가 중독증이 문제가 되지 않는다는 이 paragraph에서 첫 문장으로 시작하고 이를 뒷받침하는 내용을 (1)~(3)까지 배열한다.

Memo 2 emotional troubles는 psychological problems로. Depression, anxiety, disorientation 등은 psychological problem이다.

Memo 3 loss of job은 job loss로. 즉 단어의 병행론(parallelism)의 원칙. 또한 general stress는 stress로.

Memo 4 search for는 turn to로.

Memo 5 as a coping mechanism은 as a mechanism for coping with depression, anxiety and disorientation, or interpersonal difficulties such as stress, job loss, and marital, financial or academic problems를 중복되지 않게 쓴 형태이다. 문장에서 repetition은 독자의 이해에 혼선을 주고 기사가 cluttered된 인상을 준다. 즉 diet된 문장이다. diet된 문장은 과체중, 비만 문장보다 훨씬 이해하기 쉽다.

Memo 6 On the other hand, for instance 등의 transitional word and phrase를 사용하여 글의 흐름과 리듬을 매끈하게 전개한다.

Memo 7 that needs는 needing으로 하면 더욱 간단한 문장이 된다.

본론 부분 5: 스마트폰과 인터넷 중독증에 대한 반대 의견 (2)

> Furthermore, opponents of this view claim that since these addictions may be symptoms of underlying mental health disorders, they are therefore not real addictions, in the same way that excessive telephone use or TV watching cannot be categorized as addictions. (1) According to them, some people turn to their smartphones or the Internet to ease their mental or emotional stress, in the same way that some people turn to food in order to cope with their problems. (2) In

general, Internet addicts do not necessarily become alcohol addicts, compulsive gamblers, chronic overeaters and depression patients. However, these people may resort to smartphones and the Internet in order to avoid their realities.

뿐만 아니라(Furthermore) 이 의견의 반대자들은(opponents of this view) 이 중독들이 정신건강 장애 증상들일 수 있으므로(since these addictions may be symptoms of underlying mental health disorders), 과도한 전화 사용이나 TV 시청이 중독으로 분류될 수 없는 것과 같이(in the same way that excessive telephone use or TV watching cannot be categorized as addictions) 그들은 진짜 중독이 아니라고(they are therefore not real addictions) 주장한다(claim). 그들에 따르면(According to them) 어떤 사람들은(some people) 그들의 문제들을 잘 처리하기 위해 음식을 먹는 것과 같은 방법으로(in the same way that some people turn to food in order to cope with their problems) 그들의 정신적, 감정적 스트레스를 해소하기 위해(to ease their mental or emotional stress) 스마트폰이나 인터넷으로 눈을 돌린다(turn to their smartphones or the Internet).

일반적으로(In general) 인터넷 중독자들이(Internet addicts) 반드시 알코올 중독자, 상습 도박자, 만성 폭식자, 우울증 환자가 되지는 않는다(do not necessarily become alcohol addicts, compulsive gamblers, chronic overeaters and depression patients). 그러나(However) 이 사람들은(these people) 그들의 현실을 피하기 위해(in order to avoid reality) 스마트폰과 인터넷에 의지할 수도 있다(may resort to smartphones and the Internet).

Memo 1 앞 paragraph와 관련된 내용을 (1)~(2)로 부연 설명한다.
Memo 2 causes 대신 병리학적 원인이 되는 증상(symptions)으로 쓴 것은 word choice가 적절함을 알려준다.
Memo 3 In the same way that은 in the same way as이다. same 다음에는 as가 나온다.
Memo 4 categorized는 classified로 짧은 단어를 쓴다.
Memo 5 In a nutshell을 사용하지 않고 in general을 사용해 cliché를 피했다.

Memo 6 alcohol addicts는 alcoholics로 쓴다.

Memo 7 may be indulged in using 대신 may resort to를 사용하여 단어 수를 줄이고 수동태 사용을 피했다.

Memo 8 turn to smartphones와 resort to smartphones를 사용하여 이 paragraph의 같은 표현에 단어의 변화를 주어 리듬을 고려했다. 같은 내용을 비슷한 단어나 숙어로 바꾸어 보는 것도 어휘력을 늘리는 데 도움이 된다.

본론 6: 중독증의 판단 기준

Dr. Mark D. Griffiths, a psychology professor at Nottingham Trent University in the UK, has identified five criteria for diagnosing Internet and smartphone addicts. According to Griffiths, addicts are those whose smartphone and Internet use dominates their lives, feelings and behavior; changes their moods; tends to increase over time in order to achieve the same effects on mood; leads to unpleasant feelings or psychological states when stopped; and leads to a relapse of users into previous behavior even after years of abstinence.

영국의 노팅햄 트렌트 대학교 심리학 교수인 그리피스 박사는(Dr. Mark D. Griffiths, a psychology professor at Nottingham Trent University in the UK) 인터넷과 스마트폰 중독을 진단하기 위해 5가지 기준을 밝혔다(has identified five criteria for diagnosing Internet and smartphone addicts). 그리피스 박사에 따르면(According to Griffiths) 그들의 삶과, 감정, 행동을 지배하고(dominates their lives) 기분을 바꾸는(changes their moods) 스마트폰과 인터넷 사용의 중독자들은 시간이 지나면서 중단했을 때 불쾌한 느낌이나 심리적 상태를 가져오고(leads to unpleasant feelings or psychological states when stopped) 과거 행동들을 몇 년간 자제한 이후 이전의 행동으로 사용자들의 퇴행이(and leads to a relapse of users into previous behavior even after years of abstinence) 그때의 기분과 같은 결과를 얻기 위해(in order to achieve the same effects on mood) 증가하는 경향이 있다(tends to increase over time).

Memo 1 영국의 심리학 교수가 제시한 중독증 판단 기준 5가지를 예시로 들어 중독증의 심각성에 대한 찬반 의견을 객관적인 data로 backup해 준다.

Memo 2 colon과 semicolon을 사용해 비슷한 내용을 간단하게 처리한다. 즉 주어 Internet addicts는 같기 때문에 아래의 5가지 문장을 semicolon을 이용해 처리한다. 고난도 영작 기술이나 문장의 절반 이상을 줄인 것을 보면, 전하는 메시지가 더욱 명쾌해질 수 있다는 주장이 설득력이 있다.

Firstly, users should check whether smartphones and Internet dominates their life, feeling and behavior.

Secondly, users must examine whether the Internet and mobile gadgets change their mood.

Thirdly, visitors often increase the amounts of Internet and smartphone use in order to achieve the same effect on their mood.

Fourthly, they experience unpleasant feelings and psychological effects when they stop using the Internet.

Fifthly, the addicts often tend to relapse into earlier patterns of behavior even after years of abstinence.

결론(conclusion)

> Not all mobile and online activities indicate addiction. For instance, emailing, chatting and web surfing cannot be classified as addictions. Mobile and online gadgets are pro-social, interactive and information-driven devices that when misused or overused, may lead to destructive activities such as online gambling, pornography and gaming. Koreans should take a pro-active stance in preventing or diagnosing smartphone and Internet addiction among their loved ones.

모든 모바일이나 온라인 활동들이 중독을 말하는 것은 아니다(Not all mobile and online activities indicate addiction). 예를 들어(For instance) 이메일, 채팅, 웹서핑은 중독으로 분류될 수 없다(emailing, chatting and web surfing cannot be classified as addictions). 모바일이나 온라인 기기들은(Mobile and online gadgets) 오용되거나 과용이 되었을 때 온라인 도박, 음란물, 게임 같은 파괴적인 활동들을 이끌 수 있는(may lead to destructive activities such as online gambling, pornography and gaming) 친사회적이고, 쌍방향적인 정보 장치이다(are pro-social, interactive and information-driven devices). 한국 사람들은(Koreans) 사랑하는 사람들 사이에(among their loved ones) 스마트폰과 인터넷 중독을 예방하거나 진단하는 데 있어서(in preventing or diagnosing smartphone and Internet addiction) 선제적인 자세를 취해야 한다(should take a pro-active stance).

Memo 1 Koreans should take a pro-active stance in preventing or diagnosing smartphone and Internet addiction among their loved ones.가 이 칼럼의 결론이다. 즉 피라미드 방식으로 기사를 전개하고 결론을 맨 마지막 부분에 사용한다. 신문의 사설이나 칼럼은 피라미드 방식, 즉 결론을 맨 뒤에 사용하나, straight 기사는 역피라미드 방식, 즉 중요한 내용부터 써 내려가는 방식이다.

Memo 2 cannot be classified as addictions를 are parts of everyday life의 쉬운 표현으로 하면 이해가 쉽다. 즉 writing 고수는 어렵고 추상적인 표현보다 상식적이고 일반적인 표현을 사용한다.

Memo 3 모든 paragraph에서 반복적으로 사용한 단어가 addiction이다. 이는 독자로 하여금 이 칼럼의 주제가 addiction에 관한 내용임을 계속 기억하게 하는 기법이다. 즉 keyword를 반복함으로써 독자를 keep focused하게 한다. 한 칼럼에 한 가지 주제로 전개하고 있음을 확인시켜 준다.

Memo 4 이 칼럼의 시작 문장인 Foreigners marveled at Koreans' engrossment in smartphones와 맨 마지막 문장의 결론인 Koreans should take a pro-active stance in preventing or diagnosing smartphone and Internet addiction among their loved ones.는 상관 관계가 있음을 확인할 수 있다.

즉 이 예시문은 (1) story development가 logical하고, (2) 각 paragraph마다 topic sentence가 있고, (3) 한 paragraph에 관련된 내용을 몰아서 packaging하고, (4) one sentence에 one idea로 전개하고, (5) 통계와 전문가(psychology professor)를 인용하여 주장의 객관성을 높이려 했고, (6) 가능한 한 사람을 주어로 하는 human story 중심의 문장 전개를 시도했으며, (7) grammatical issues인 tense, word choice, parallelism, cliché, repetition, transitional word & phrase, punctuation, source와 fact 확인을 통해 how to write concisely의 기본 원칙에 충실했다고 할 수 있다. (8) 또한 구어체나 slang이 아닌 formal language 사용에 노력했다. 또한 (9) shorter phrases and sentences를 사용하였고 노력 문장의 conciseness, clarity, accuracy를 높였다. (10) 문장은 simple sentence, complex sentence, compound sentence를 적절히 배분하였다.

exercise

* 1~7 Choose the number that has the same meaning as the underlined word.

1. She did not hear what you said because she was completely engrossed in her reading.
① disguised   ② refined   ③ suspended   ④ absorbed

2. Lack of employment outside the home tends to make women more vulnerable to depression.
① futile   ② feasible   ③ likable   ④ dangerous   ⑤ susceptible

3. Very few parties in government want to implement political reform.
① execute   ② cancel   ③ supplement   ④ improve

4. You should keep your country from the enemy at the risk of your life.
① in the interest of   ② for the sake of
③ for the purpose of   ④ at the peril of

5. Wickedness has undermined his mind.
① made up   ② cheered up   ③ destroyed gradually   ④ passed in

6. The evidence supporting the principle of natural selection has improved year by year, and it is accepted with virtual unanimity by the biologists who have put it to the test.
① hospitality   ② hostility   ③ commitment   ④ consensus

7. Shakespeare's underlying motive in Hamlet was to criticize the moral climate of his own times.
① fundamental   ② indifferent   ③ uninterested   ④ underneath

* 8~9 Choose the best answer for the blank.

8. It is expected that this new device will _____ us a lot of trouble.
① stop   ② end   ③ help   ④ save

9. She was the victim of _____ online comments.
① manifest   ② municipal   ③ malicious   ④ beneficent

10. Choose the one which is grammatically incorrect.
On Teacher's Day, a student presented his instructor with Diablo III and flowers. The teacher was ① so touched that he cried. Some who aren't plugged into the gaming world wonder ② why do adults make such a big deal out of virtual reality. "What are we contributing to the world if gamers ③ spend so much time trying to kill demons?" asked an opposition lawmaker. Just like any other online game, Diablo is ④ highly addictive. It also contains strong visual violence.

answers

1. (어구) absorb: (주의·정신력 등을) 빼앗다, 몰두시키다* be absorbed in(/by): ~에 몰두·열중하다(be engrossed in, be lost in, be immersed in, be preoccupied with); (수분·열·빛·소음·등을) 빨아들이다, 흡수하다(soak [up]); 동화하다(assimilate); 합병하다
① 변장·위장하다; 속이다, 숨기다 ② 정제하다; 시련되게 하다 ③ 흡수하다

그녀는 독서에 완전히 몰두하고 있었기 때문에 네가 한 말을 듣지 못했다.

정답: ④

2.

가정 밖에서의 고용 부족은 여성들을 불경기에 더욱 취약하게 하는 경향이 있다.

정답: ⑤

3. implement: v. (사업·약속 등을) 실행·이행·실시하다(carry out, accomplish, enforce, execute, put into practice) n. 도구, 연장(tool, instrument) n. implementation: 이행, 실행; 완성, 성취

정부 내에서 정치 개혁을 실행하기를 원하는 정당은 거의 없다.

정답: ①

4.

당신은 목숨을 거는 위험을 무릅쓰고 적으로부터 조국을 지켜야 한다.

정답: ④

5. (어구) impair: 손상시키다(= to destroy gradually, weaken, harm, undermine) 구성하다; 날조하다; 화장하다 ② 격려하다, 힘을 북돋우다

사악한 감정이 그의 마음을 해쳤다.

정답: ③

6.
자연 도태의 법칙을 뒷받침하는 증거는 해가 거듭될수록 발전되어 왔고, 이것은 실험을 해본 생물학자들에 의해 사실상 만장일치로 받아들여져 왔다.

정답. ④

7. (어구) underlying: 기초의, 기본적인(fundamental, radical, basic); 밑에 있는 (lying down) ② 무관심한, ③ 이해관계가 없는; 무관심한, ④ 낮은; 숨겨진

셰익스피어의 햄릿에서의 근본적인 동기(작품에서의 '주제'를 말함)는 자신의 시대에 도덕적 풍조를 비판하고자 하는 것이었다.

정답: ①

8. 동사 save는 '비용이나 고생 등을 덜어주다'라는 의미를 가지며 두 개의 목적어를 취한다. 다른 수여 동사와 다른 점은 '직접 목적어 + 전치사 + 간접 목적어'의 어순을 취할 수 없다는 것이다, save와 같은 성격을 갖는 동사로는 'envy, forgive, cost, excuse' 등이 있다.

이 새로운 장치를 사용하면 우리는 많은 문제들을 해결할 수 있을 것이다.

정답: ④

9. 문맥에 알맞은 어휘를 넣는 문제 유형.

그녀는 악의적인 댓글의 희생자였다.

정답: ③

10. ① so ~ that(인과 관계) 구문으로 적절하다.
② 타동사 wonder에 대한 목적어인 간접 의문사절의 명사절은 도치시킬 이유가 없다.
③ spend의 목적어 다음에 '(in) v~ing' 구조로 이상 없다.
④ 주어가 게임명이며 보어로서 사용된 경우도 적절하다. cf. He is addicted to

answers

Diablo.

스승의 날, 한 학생이 선생님께 디아블로3 게임 패키지와 꽃다발을 선물했다. 이 선생님은 너무나 감동한 나머지 우셨다고 한다. 이 게임의 세계로 연결해 보지 않은 일부 사람들은 어른들이 가상 현실로부터 왜 그런 빅딜(반어적으로 '대단한 일')을 하는지 의아해한다. 야당의 한 국회의원은 "게이머들이 악마를 죽이려 하면서 그토록 많은 시간을 보내고 있다면 우리는 세상에 무엇을 기여하고 있는가?"라고 물어보았다고 한다. 다른 온라인 게임과 마찬가지로, 디아블로는 중독성이 강하다. 이것은 또한 강력한 시각적인 폭력을 담고 있다.

정답: ② (why do adults make ~ → why adults make ~)

chapter 10

이메일 작성 10가지 공식

이메일 작성 10가지 공식

❶ 중요한 내용부터 쓰는 역 피라미드 방식으로 문장을 전개한다.
❷ 메시지에서 중점을 두는 keyword를 숙지한다.
❸ 주어와 동사의 시제 일치, 단복수를 확인한다.
❹ 수식어는 수식하려는 단어 가까운데 배치하라.
❺ 누구에게 쓰는지 명확히 이해하고 상대방의 수준에 맞추어 작성한다.
❻ 상대방에게 무엇을 알고 싶은지를 명확히 하라.
❼ 답변일 경우 다시 질문이 없도록 답변을 다해라.
❽ 완성 후 spell checking을 한다.
❾ 대문자로 쓰지 마라.
❿ 정보의 비밀이 지켜질 것이라는 생각을 버려라.

이메일도 이 책에서 다루고 있는 4가지 영작의 원칙, 즉 humanity(나의 이야기), simplicity(단순성), brevity(간결성), clarity(명료성)를 적용하면 쉬워진다.

예를 들어 영자신문에 나오는 첫 단락(paragraph)을 리드(lead)라고 하는데, 이 리드에 전개될 기사 내용의 80% 이상의 메시지가 포함된다. 즉 5W(who, what, when, where, why) + 1H(how) 원칙이 적용된다. 즉 이 리드는 누가(who), 무엇을(what), 언제(when), 어디서(where), 왜(Why)와 어떻게(how)를 포함한다.

우리가 일상생활에서 외국인과 쓰는 이메일도 신문 기사의 리드처럼 5W + 1H 원칙만 지키면 본인이 전달하려는 메시지는 거의 전달된다. 따라서 영자신문의 첫 번째 문장과 리드 부분을 자주 읽어 보고 써보면 모두 다 이메일의 달인이 될 수 있다. 신문 기사와 같이 이메일도 Keep your message focused 해야 한다. 다만 이메일은 신문 기사나 편지보다 informal하다.

신문 기사 작성의 5단락(five-paragraph) 원칙을 숙지하면 이메일도 명쾌하게 쓸 수 있다.

Five-Paragraph Formula란

Paragraph 1: The lead
신문 기사나 이메일을 읽는 사람들이 자신이 쓴 내용을 다 읽을 것이라 생각하면 오해다. 따라서 신문 기사나 이메일의 첫 번째 문장에는 사실 관계만 적시하는 게 좋다. 첫 번째 문장을 읽고 나서 무슨 메시지를 전하려 하는지를 이해해야 한다.

Paragraph 2: 두 번째 문장에서는 첫 번째 문장에서 쓰지 못한 내용을 추가한다. 한 paragraph는 60단어 미만 아니면 typeset로 10줄 미만이 좋다(Limit paragraphs to 60 words or less or no longer than 10 typeset lines). 한 paragraph는 1~3개 정도의 관련된 문장(sentence)을 써라(Limit to one to three sentences). 한

paragraph에는 한 가지 아이디어나 주제에 관해서만 쓴다(A paragraph should contain one idea).

■ 신문 기사 리드와 이메일 작성 방법의 유사점

(1) Keep leads short, preferably under 35 words(가능한 한 리드는 35단어 내로 써라).

(2) Limit leads to one or two sentences(리드 문장은 한두 문장으로 한정해라).

(3) Avoid starting with "when" or "where" unless time or place is unusual (5W + 1H 중 언제(when)와 어디서(where)를 포함시키지 않아도 된다. 즉 Who(누가), what(무엇을), why(왜) 그리고 how(어떻게)만 포함시켜도 된다.

(4) Avoid starting with "there" or "this."(주어로 시작해라. I, we, you, they 등)

(5) In leads about future events, the time, date and place usually go at the end of the paragraph(장래의 사건에 대해 이야기할 때, 시간, 장소는 뒷부분에 써라).

(6) In leads about past events, the day of the event usually appears before or after the verb(과거의 이야기를 쓸 경우 날짜는 대부분 동사 앞뒤에 나온다).

(7) 리드에는 제목에 들어갈 keyword를 포함한다.

(8) 리드의 주어에 불필요한 사람 이름, 지명, 숫자 사용은 자제한다.

(9) 리드는 주어 + 동사로 시작되는 1형식(simple sentence)이 좋다. 관계 대명사를 포함한, who, if, what, that, when 등을 포함하면 문장의 초점이 흐려진다.

(10) 중요한 것부터 쓰는 역피라미드(reverse pyramid) 방식으로 기사를 전개한다.

Paragraph 3: The supporting quote

Paragraph 1과 2에 나오는 내용의 신뢰도를 높이기 위해 인용(quote)한다. 다만 이메일의 경우 신문 기사가 아니고 personal한 correspondence이니 인용(quote)은 할 필요가 없다.

Paragraph 4: The 'Nut'

신문 기사에서 이 부분은 독자에게 왜 이 기사가 중요한지, 어떤 의미를 가지는지를 해석해 주는 부분이다. 읽는 사람이 누구인지에 따라 왜 이 내용이 중요한지를 설명하는 것이다. 이메일도 왜 내가 이 이메일을 쓰는지, 이메일을 읽는 사람에게 어떤 도움이 되는지를 설명해 주는 점에서 동일하다.

Paragraph 5: 이하 문장은 자신이 중요하다고 생각하는 내용을 쓴다.

> ■ 이메일을 쓸 때 지켜야 할 10가지 에티켓
> (1) 상대방에 대한 배려나 존경심을 표시하라(Be kind. Don't inflame. Show respect and restraint).
> (2) 답장을 빨리 하라(Respond promptly).
> (3) 이메일 내용에 대해 비밀을 지켜달라고 요구하지 마라.
> (4) 질문에 대한 모든 답변을 하라.
> (5) 불필요한 자료를 첨부하지 마라(Don't attach unnecessary files).
> (6) 긴급(urgent), 중요(important), 최우선 순위(high priority) 등의 용어 사용을 가능하면 자제하라.
> (7) 감정이 상했을 때 이메일을 쓰면 문장에 나타난다. 마음을 정리한 후 써라.
> (8) 메시지나 첨부 파일을 허락없이 복제하지 마라.
> (9) 이메일을 이용 confidential information을 공유하지 마라.
> (10) anti-virus software를 써라. 무의식 중에 보낸 이메일이 상대방의 컴퓨터에 virus를 감염시킬 수 있다. 상대방이 첨부된 이메일을 읽을 수 없는 PC를 사용할 수 있으니 text mail로 보내는 게 안전하다. HTML 메일은 종종 열리지 않는다. 첨부 파일이 data인 경우 어떤 software를 사용해야 열어 볼 수 있는지 친절하게 알려줄 필요가 있다. 모든 수신인이 컴퓨터 전문가라 생각하면 안 된다.

exercise

1. 다음 문장은 신문 기사 맨 처음 단락에 나오는 리드 기사의 5W(who, where, when, why, whom)과 1H(how) 원칙에 어긋나고 있다. 이 예문을 5W + 1H 원칙에 맞게 문장을 작성해 보자.

All 51 international schools will be subject to regular on-site audits by education officials this month.

51개 모든 국제학교는 이달에 교육청 직원들에 의해 정기 현장 감사를 받을 것이다.

▶ _____

* 2~9 다음 문장에서 단복수가 틀린 부분이 있으면 바로잡아 보자.

2. He who do it gets the benefit.

그것을 실행하는 사람이 이득을 본다.

▶ _____

3. Those who likes sports are generally healthy.

스포츠를 즐기는 사람들은 대개 건강하다.

▶ _____

4. The United States of America are called the U.S. for short.

미합중국을 줄여서 the U.S.라고 부른다.

▶ _____

5. Statistics are difficult to learn.

통계학은 배우기 어렵다.

▶ _____

exercise

6. Statistics shows that the population of this city is 5 million.

통계 수치를 보면 이 도시의 인구는 500만 명이다.

➡ _____

7. The pop singer stole the spotlights from his peers.

그 팝 가수는 동료 가수들에게 집중된 관심을 빼앗아갔다.

➡ _____

8. A group of netizens are calling for punishing child molesters.

한 네티즌 집단이 어린이 성추행자들을 처벌하도록 촉구하고 있다.

➡ _____

9. Korea's indigenous bullet train has been plagued with a series of malfunctioning and breakdowns over the past year.

한국에서 자체 제작한 고속열차는 지난 해에 걸쳐 잦은 고장과 오작동으로 큰 어려움을 겪었다.

➡ _____

10. 다음 문장에서 시제가 틀린 부분이 있으면 바로잡아 보자.

The professors said they have submitted their written pledge to quit to the school's president after an emergency meeting last week.

교수진은 지난 주 열린 긴급 회의 이후 총장에게 사임하겠다는 내용의 서약서를 제출했다고 말했다.

➡ _____

answers

1. ▶ All 51 international middle schools in Seoul will be subject to regular on-site audits by education officials starting this month.

»»» International schools를 international middle schools로, in Seoul을 포함하여 서울 소재 학교임을 명시하여 내용을 구체성을 포함했다. 신문 기사 리드뿐 아니라 모든 이메일이나 시사 영작은 5W + 1H 원칙하에 작성하면 아주 좋은 문장을 만들 수 있다.

2. ▶ He who does it gets the benefit.

»»» 관계 대명사가 주격인 경우, 관계 대명사가 이끄는 절 속의 동사는 선행사의 수·인칭과 일치해야 한다.

3. ▶ Those who like sports are generally healthy.

»»» 관계 대명사가 주격인 경우, 관계 대명사가 이끄는 절 속의 동사는 선행사의 수·인칭과 일치해야 한다.

4. ▶ The United States of America is called the U.S. for short.

»»» 국가명에는 단수 동사를 쓴다

5. ▶ Statistics is dificult to learn.

»»» 학문명은 단수로 취급한다.

6. ▶ Statistics show that the population of this city is 5 million.

»»» Statistics가 통계학이라는 학문명이 아닌 통계 수치라는 의미로 사용될 때에는 복수로 취급한다.

7. ▶ The pop singer stole the spotlight from his peers.

»»» spotlight는 단수를 사용한다.

answers

8. ▶ A group of netizens is calling for punishing child molesters.

▶▶▶▶ 'a group of, a series of, a total of, a bunch of, a flock of + 복수 명사'는 하나의 단위로 간주해 단수 취급하며 따라서 동사도 다수의 형태가 나와야 한다.

9. ▶ Korea's indigenous bullet train has been plagued by a series of malfunctions and breakdowns over the past year.

▶▶▶▶ plagued with가 아니라 plagued by이고 malfunctioning는 malfunctions이다.

10. ▶ The professors said they had submitted their written pledge to quit to the school's president after an emergency meeting last week.

▶▶▶▶ said가 과거이니 그 이전에 발생한 that 이하의 내용은 had said이다. 그러나 신문에서는 현장감이나 긴장성을 높이기 위해 시제를 강조하는 시점으로 사용할 때가 많다. 예시 문장에서 have submitted를 의도적으로 사용하면 지금 바로 제출했다는 강조로 해석될 수 있다. 그러나 시제 일치는 기본 규칙을 따라야 한다.

Epilogue

  2013년은 저자에게 의미 있는 해이다. 영자신문 기자 생활 30년을 맞는 해이다. 특히 지난 30년간, 내가 경험한 writing의 시행착오를 이 책을 읽는 분들이 줄일 수 있다면 큰 보람으로 생각한다.

  이 책은 English writing의 저명한 분인 Peter Roy Clark(*Writing Tools: 50 Essential Strategies for Every Writer*), William Zinsser(*On Writing Well: The Classic Guide to Writing Nonfiction*), William Strunk(*The Elements of Style*), Robert M. Knight(*Journalistic Writing: Building the Skills, Honing the Craft*), Bill Kovach & Tom Rosentiel(*Elements of Journalism: What Newspeople Should Know and the Public Should Know*), Bruce Kaplan(*Editing Made Easy: Simple Rules for Effective Writing*), Robert Hartwell Fiske(*The Dictionary of Concise Writing*과 *The Dimwit's Dictionary*) 등의 저서와 *Korea Times Stylebook*을 참조하였다. 또 미국의 editing consulting 회사인 info@arrowsmithediting.com에서 자문했다.

  이 책을 쓰는 데 많은 분들이 도움을 주셨다. 특히, 이 책의 발간 필요성을 격려하신 영자신문 언론인 경력 40년으로 한국 최장수 영자신문 전문가 박무종 **Korea Times** 사장님, 한양대학교 박웅격 명예교수님, 한국 ENIE(English News in Education)학회를 창립하신 박창석 전 **Korea Times** 상무 겸 경희대학교 교수님, 미 국무성에서 30여 년간 한국 문제 전문 통역사를 역임하시고, 현재 *Korea Times* columnist인 Tong Kim 교수님, 서울대학교 한국어학과 교수 겸 *Korea Times* 칼럼리스트인 Robert Fouser 교수님, Michael Breen *Korea Times* Writing Coach이며 전 *Washington Times* 한국 특파원, 그리고 *Korea Times* 수석 카피 에디터인 Chris Price께 감사 드린다. 특히 미국 Seattle에 거주하면서 Garble's Writing Center를 운영하는 writing in plain English 전문가 Gary B. Larson(www. www.garbl.com) 씨가 이 책을 저술하는 데 필요한 자료를 제공해 준 것과, 감수 작업에 참여해 주신 영어 교육 전문가 김성원 씨, content 구성을 디자인한 *Korea Times* 안성진 씨의 헌신적인 노고에 감사드린다. 마지막으로 이 책을 쓰는 데 아내 안승남과 딸 이수연의 응원이 큰 힘이 되었다.

[부록 1]

영문을 간결하게 쓰기 위한 방법

■ **Paramedic Method** (영문을 간결하게 쓰기 위한 도구)

미국 UCLA 교수인 Richard Lanham이 개발한 7단계 방식이다. 요약하면 문장에서 주어, 동사를 찾고, 불필요한 단어(전치사 포함)을 제거하는 방식이다.

1. 전치사(preposition)에 동그라미 표시를 하라.
2. be 동사에도 동그라미 표시를 하라.
3. 행동하는 주체(performer of action)가 누구인지 확인하라.
4. 행동 자체(action)를 간단한 동사(verb)로 표현한다.
5. 행동의 주체(performer of the action)를 주어(subject)로 해라.
6. 지루하게 늘어지는 표현(slow windups)을 제거하라.
7. 불필요한 표현이나 단어(redundant or unnecessary words)를 제거하라.

영작할 때 가장 큰 오류는 문장을 길게, 한 문장에 여러 가지 메시지를 전하려는 의욕에서나 온다. 긴 한 문장에 여러 가지 메시지를 전할 수 있는 능력이 있다면 짧은 한 문장에 한 가지 메시지로 줄일 수 있다. 독자가 문장을 읽다가 다시 돌아와 여러 번 읽어 내용을 파악하려 한다면 이 영작은 잘못된 것이다. 독자의 주의력은 30초 이상 가지 않는다는 점을 영작 시 명심해야 한다. 실제적으로 문장을 짧게 쓰는 것 쉬운 일은 아니다. 그러나 영문을 간결하게 쓰는 도구들이 있다. 그 한 예가 7가지 단계의 paramedic method이다.

> The Europe's largest flagship carrier, has been ordered by Korea's anti-trust agency to correct its unfair policy that does not give refunds to passengers holding discounted tickets.
>
> 유럽의 최대 항공사는 할인 티켓을 가진 승객들에게 환불을 해주지 않는 불공정 정책을 바로잡도록 국내 독과점 방지 기관으로부터 명령을 받았다.

1. 전치사(preposition)에 동그라미 표시를 하라.

The Europe's largest flagship carrier has been ordered (by) Korea's anti-trust agency (to) correct its unfair policy that does not give refunds (to) passengers holding discounted tickets.

2. be 동사에도 동그라미 표시를 하라.

▶ (has been ordered)

3. 행동하는 주체(performer of action)가 누구인지 확인하라.

▶ The Fair Trade Commission, the Europe's largest flagship carrier 혹은 holders of the Europe's largest carrier이다.

4. 행동 자체(action)를 간단한 동사(verb)로 표현한다.

▶ ordered

5. 행동의 주체(performer of the action)를 주어(subject)로 해라.

▶ The Fair Trade Commission, the Europe's largest flagship carrier 혹은 Ticket Holders of the Europe's largest flagship carrier's discount tickets로 전환할 수 있다.

6. 지루하게 늘어지는 표현(slow windups)을 제거하라.

7. 불필요한 표현, 단어(redundant or unnecessary words)를 제거하라.
its unfair policy. refund하라고 명령한 것은 이미 이 항공사가 불공정 행위를 했다는 뜻을 내포하고 있다. 각각의 주어를 달리 하여 다음의 3가지 형태로 전환할 수 있다.

① ■▶ The Fair Trade Commission ordered the Europe's largest flagship carrier to give refunds to holders of its discounted tickets.

② ■▶ The Europe's largest flagship carrier, was ordered to give refunds to holders of its discounted tickets.

③ ■▶ Holders of the Europe's largest flagship carrier's discounted tickets will be able to get refunds. This refunding became possible after the Fair Trade Commission uncovered the airliner's malpractice.

■ Grammarly.com

영작을 하는 사람이 가장 어려워하는 것은 자신이 작성한 영문을 감수해 줄 사람이 없다는 점이다. 원어민이나 선생님에게 늘 확인할 수도 없다. 가장 중요한 것은 자신이 작성하고 자신이 확인할 수 있는 자가 영작학습법이다.

현재 영작을 자가 학습할 수 있는 software 중 가장 권위 있는 것은 www.grammarly.com이다. 연회비를 내고 등록을 하면, 언제든지 사용할 수 있다. 다만 사용할 때 이 program의 장단점을 이해하면 효과를 높일 수 있다.

장점 10가지

(1) 확인하는 내용이 150가지의 기본 영문법에 맞는지 확인해 준다.

(2) spell checking이 자동으로 된다.

(3) 단어의 선택(word choice)을 안내해 준다.

(4) 이 프로그램이 시키는 대로 만하면 영어의 뜻은 전달된다. 100점 맞을 때까지 시도해 본다.

(5) plagiarism을 확인해 준다. 어디서 복사하거나 인용하면 확실히 알아낸다.

(6) 어디에서나 사용할 수 있다. Microsoft Word 프로그램에 추가 장착하여 쉽게 이용이 가능하다.

(7) proofreading이나 editing한 결과가 즉시 나온다.

(8) 아무리 유능한 editor라도 사람인 이상 실수를 하는데, 이것은 software이기에 실수를 하지 않는다.

(9) 미국의 대학생들이 보고서를 쓸 때 사용할 정도의 수준이다.

(10) 가격이 저렴하다(1년에 100달러 미만). 외국 원어민의 감수를 받는 데 한 번에 100달러 정도와 비교하면 가치가 있다.

단점 10가지

(1) 자동차 navigation같이 가는 길만 간다. 고지식하다.

(2) 문장의 문법의 정확도만 확인하지, 문장 구조(sentence structure)와 같은 것은 고치지 못한다.

(3) 이른바 FANBOYS(for, and, nevertheless, but, or, yet, so) 등의 transition word(전환에 필요한 전치사) 사용을 무조건 금지한다. 따라서 문장과 문장의 사이에 흐름을 단절하는 경향이 있다.

(4) important, major 등의 특정 단어 사용을 무조건 금지한다.

(5) 문장의 flavor(정취)에 대한 것까지는 확인하지 못한다.

(6) 주어와 동사가 나오지 않으면 문장이 무조건 틀린 것으로 파악한다.

(7) 전혀 맞지 않는 동의어 어휘가 제시되는 경우도 있다.

(8) 영문법을 잘 모르는 초보자에게는 무슨 말을 하는지 알 수가 없을 경우도 있다.

(9) 프로그램이 자주 다운되는 경우가 있다.

(10) 긴 문장은 잘 이해하지 못한다.

[부록 2]

간결한 영어 표현

두 단어 ▶ 한 단어	뜻
(abandoned) derelict	(유기된 채) 버려진
(absolute) belief / fact / truth	(절대적인) 신념 / 사실 / 진실
(absolutely) essential / certain / sure / necessary	(절대적으로) 필요한 / 확실한 / 확실한 / 필요한
(absolutely) conclusive / indispensable	(절대적으로) 결정적인, 확실한 / 없어서는 안 될, 필수적인
action plan	행동 계획 ▶ strategy 전략
(actual) fact/truth	(실제) 사실 / 진실
(added) bonus	(추가) 보너스
(additional) accessory	(추가) 악세사리
add (together)	(함께) 더하다
add (up)	(완전히) 더하다
(adequate) enough	충분한
admit (to)	인정하다
(advance) forward / planning / preview / reservation / warning, registration / notice / preparation	(사전) 전진 / 계획 / 검토 / 예약 / 경고, 등록 / 통보 / 준비
add (an additional)	(추가 사항을) 더하다
add (up)	(완전히) 더하다
(affirmative) yes	(긍정의) 예스
(aid and) abet	방조하다
(again) reiterate	(다시) 반복하다

(all) complete / done	(모두) 완전한 / 행해진
(all-time) record	(사상 최고) 기록
(already) existing	(이미) 현존하는
(alongside) of	(나란히) 옆에
alternative (choice)	(선택) 대안
A.M. (in the morning)	오전
(and) etc.	등등
(annual) birthday	(연례) 생일
(anonymous) stranger	(익명의) 낯선 사람
(annual) anniversary	(연례) 기념일
(another) additional	(다른) 추가적인
(another) alternative	(다른) 대안
appointed (as)	(~로) 임명된
appreciate (in value)	(가치가) 올라가다
(armed) gunman	(무장한) 무장 강도
(artificial) prosthesis	(인공) 보철물
ascend (up)	(위로) 오르다
ask (the question)	(질문을) 묻다
assemble (together)	(함께) 조립하다
(as) yet	아직
attach (together)	(함께) 부착하다
ATM (machine)	현금 자동 입출금기
auction (sale)	경매 (판매)
audible (to the ear)	(귀에) 잘 들리는
autobiography (of his or her own life)	(그 또는 그녀 자신의) 자서전

baby (child)	아이
bald(-headed)	대머리의
balance (out)	균형을 잡다
balsa (wood)	발사 나무(특히 모형 물체를 만드는 데 쓰이는 가벼운 열대 아메리카산 나무)
(basic) fundamental / principle	(기본적인) 원칙
(basic) necessities	(기본적인) 필수품
best (ever)	(사상) 최고
biography (of his or her life)	(그 또는 그녀 인생의) 전기
blend (together)	(함께) 혼합하다 .
(boat) marina	(보트) 정박지
botch (up)	(완전히) 망치다
bouquet (of flowers)	부케 (꽃)
brief (in duration / moment / summary)	(기간이 / 순간이 / 요약이) 짧은
(burning) embers	(타는) 불씨
(but) however	(하지만) 그러나
cacophony (of sound)	불협화음 (소리)
cameo (appearance)	카메오(유명 배우의 단역 출연) (출연)
cancel (out)	취소하다
(careful) scrutiny	(주의 깊은) 정밀 조사
cash (money)	현금 (금액)
CD-ROM (disc)	시디롬 (디스크)
cease (and desist)	중단하다 (그리고 그만두다)
(chowder) soup	(차우더) 수프 * 생선이나 조개류와 야채로 만든 걸쭉한 수프

circle (around)	(주위를) 빙빙 돌다
circulate (around)	(주변을) 순환시키다
classify (into groups)	(그룹별로) 분류하다
(clearly) apparent	(분명히) 명백한
climb (up)	(위로) 오르다
close (down)	닫다
(close) proximity	(가까운) 부근
(close) scrutiny	(면밀한) 정밀 조사
(closed) fist	(부르쥔) 주먹
cluster (together)	(함께) 모여 있다
cobble (together)	(함께) 수선하다
cohabit (together)	(함께) 동거하다
collaborate (together)	(함께) 협력하다
collect (together)	(함께) 수집하다
(completely) engulf	(완전히) 에워싸다
(completely) full / ignore	(완전히) 가득 찬 / 무시하다
combine (together)	(함께) 결합하다
combined (both)	(둘 다) 결합된
combined (into one)	(하나로) 결합된
commute (back and forth)	(왔다갔다) 통근하다
compete (with each other)	(서로) 경쟁하다
compile (together)	(함께) 수집하다
(complete) monopoly	(완전한) 독점
(completely) annihilate / destroy / eliminate / engulfed / filled / surround	(완전히) 전멸시키다 / 파괴하다 / 제거하다 / 에워싸인 / 가득 찬 / 둘러싸다
(completely) unanimous	(완전히) 만장일치의

(component) parts	부품 (요소)
(co) equal	동등한
(conclusive) end	(결정적인) 마무리
condense (down)	압축하다
confer (together)	(함께) 상의하다
confess (to)	자백하다
congregate (together)	(함께) 모이다
connect (together / up)	(함께) 연결하다
confused (state)	혼란스러운 (상태)
consensus (of opinion)	(의견) 합의
consolidate (together)	(함께) 강화하다
(constantly) maintained	(끊임없이) 유지되는
continue (in the future)	(향후) 계속되다
continue (on)	계속하다
continue (to remain)	(남아) 계속하다
(contributing) factor	(기여) 요인
convergence (together)	(상호) 수렴
correlated (together)	(함께) 연관된
cooperate (together)	(함께) 협력하다
could (possibly)	(아마도) 할 수 있을 것이다
couple (together)	(서로) 결혼하다
(crazy) maniac	(정신 나간) 미치광이
crisis (situation)	위기 (상황)
curative (process)	치료 (과정)
(current) incumbent	(현재) 현직의
(current) trend	(현재) 추세

(currently) pending	(현재) 미결 상태인
(current) news	(시사) 뉴스
(current) record	(현재) 기록
(daily) journal	(매일) 일기
(deadly) killer	(치명적인) 살인자
(deliberate) lie	(의도적인) 거짓말
depreciate (in value)	(가치적으로) 가치가 떨어지다
descend (down)	(아래로) 내려가다
(desirable) benefits	(바람직한) 이익
(different) kinds	(다른) 종류
(direct) confrontation	(직접적인) 대면
disappear (from sight)	(시야에서) 사라지다
drop (down)	(아래로) 떨어지다
during (the course of)	~ (과정) 동안에
dwindle (down)	줄어들다
each (and every)	(어느 것 하나 빠짐없이) 각각
earlier (in time)	(시기적으로) 일찍이
eliminate (altogether)	(모두) 제거하다
emergency (situation)	긴급 상황
(empty) hole	(빈) 구멍
empty (out)	비어 있는
(empty) space / vacuum	(빈) 공간
enclosed (herein)	(여기에) 동봉된
(end) result	(마지막) 결과

enter (in)	(안에) 들어가다
(entirely) eliminate	(완전히) 제거하다
equal (to one another)	(서로) 동등한
(equally) as	~처럼 (동일하게)
eradicate (completely)	(완전히) 근절하다
erode (away)	부식되다
(established) fact	(확고한) 사실
estimated (about)	대략
evolve (over time)	(시간이 갈수록) 진화하다
(exact) same / match	(정확히) 같은 / 부합하는
(excess) waste	(지나친) 낭비
(exposed) opening	(노출된) 틈
extradite (back)	인도하다
(extra) bonus	(추가) 보너스
(face) mask	(얼굴) 가면
fall (down)	(아래로) 떨어지다
(false) pretense	(허위) 위장
(fatal) suicide	(치명적인) 자살
(favorable) approval	(찬성하는) 승인
(fellow) classmates	(동료) 급우
(fellow) colleague	동료
few (in number)	(개수가) 거의 없는
(fiction) novel	(허구) 소설
filled (to capacity / to the brim / up)	(가득) 채워진
(final) conclusion	(마지막) 결론

(final) end	(마지막) 종결
(final) outcome	(마지막) 결과
(final) ultimatum	(마지막) 최후 통첩
(first and) foremost	(우선이자) 가장 중요한
(first) conceived / began / created / invented / originated / established / discovered / uncovered / introduced / revealed / unveiled	(먼저) 구상했다 / 시작했다 / 창안했다 / 발명했다 / 기원했다 / 설립했다 / 발견했다 / 발견했다 / 도입했다 / 공개했다 / 발견했다
first (of all)	(모든 것에서) 우선
(floral) bouquet	(꽃으로 만든) 부케
fly (through the air)	(공중을) 날다
follow (after / behind)	(뒤를) 따르다
(foreign) imports	(해외) 수입
(former) graduate / veteran	(이전) 졸업생 / 참전 용사
foresee / forecast (the future)	(미래를) 예상하다
(forward) progress	(앞으로) 전진
(foot) pedal	(발) 페달
(free) gift	(무료) 선물
freeze (up)	(완전히) 얼다
(from) whence	~곳으로부터
(frozen) ice	(얼린) 얼음
(frozen) tundra	(얼어 붙은) 툰드라 * 스칸디나비아 반도 북부에서부터 시베리아 북부, 알래스카 및 캐나다 북부에 걸쳐 타이가 지대의 북쪽 북극해 연안에 분포하는 눈과 얼음으로 덮인 넓은 벌판.
full (to capacity)	(가득) 찬
(full) satisfaction	(완전한) 만족
fuse (together)	(함께) 녹이다

(future) plans / recurrence / prospects / hope / site	(향후) 계획 / 재발 / 전망 / 희망 / 장소
(gambling) casino	카지노 (도박)
gather (together)	(함께) 모이다
(general) public	(일반) 대중
(genuine) sincerity	(진실한) 진심
GOP (party)	미공화당
GRE (exam)	(미국의) 대학원 입학 자격 시험 * Graduate Record Examination의 약어
green[or blue or whatever] (in color)	(색상이) 녹색의[또는 파랑 기타 모든 색상]
grow (in size)	(크기가) 자라다
had done (previously)	(과거에) 끝냈었다
(harmful) injury	(해로운) 상처
(head) honcho	우두머리
head (up)	이끌다
heat (up)	데우다
HIV (virus)	에이즈 * Human Immunodeficiency Virus
hoist (up)	(위로) 들어올리다
(hollow) tube	(속이 빈) 튜브
hurry (up)	서두르다
(identical) match	똑같은 것
(illustrated) drawing	(삽화를 넣은) 그림

(immediately) adjoining	(곧바로) 인접한
I (myself / personally)	나
(inadvertent) oversight	(부주의한) 실수
(inconsequential) drivel	(중요하지 않은) 쓸데없는 말
(increasingly) more	(점점) 더욱
incredible (to believe)	(믿기에는) 신뢰하기 어려운
indicted (on a charge)	(혐의로) 기소된
(initial) introduction	(첫) 도입
input (into)	(~로의) 입력
integrate (together)	(함께) 통합하다
integrate (with each other)	(서로) 통합하다
interdependent (on each other)	(서로) 상호의존적인
interpret (to mean)	(의미로) 해석하다
(in the time) since	(그 시간) 이후로
(intimately) familiar	(직접적으로) 익숙한
introduce (a new)	(새로운 것을) 도입하다
introduce (for the first time)	(처음으로) 도입하다
(ir)regardless	상관없이
ISBN (number)	국제 표준 도서 번호 * International Standard Book Number
join (together)	(함께) 결합하다
(joint) collaboration / agreement / co-sponsorship	(공동의) 협력 / 합의 / 공동 후원자의 지위
(just) exactly / recently	(꼭) 정확하게 / 최근에

kneel (down)	(아래에) 무릎을 꿇다
knots (per hour)	시속 노트
(known) fact	(알려진) 사실
(knowledgeable) experts	(아는 것이 많은) 전문가
lag (behind)	뒤쳐지다
large(-sized)	큰
later (time / on)	나중에
left(-hand) side	왼쪽의
lend (out)	빌려주다
level (to the ground)	철거하다
LCD (display)	액정 화면
lift (up)	들어올리다
link (together)	연결하다
(little) baby	아기
(little) bit	약간의
(live) studio audience	스튜디오 관객
(live) witness	목격
(local) residents / neighbors	주민 / 이웃
look (ahead) to the future	내다보다
look back (in retrospect)	돌이켜보다
made (out) of	만들어진
(major) breakthrough	(주요한) 돌파구
(major) feat	위업
manually (by hand)	(손에 의한) 수동으로

many (in number)	(수적으로) 많은
map (out)	작성하다
(mass) exodus / extinction	(대량) 탈출 / 멸종
(maximum) limit	(최대) 한계
may (possibly)	(아마도) 가능할 것이다
(meaningless) gibberish	(의미 없는) 횡설수설
meet (together)	(함께) 만나다
meet (with each other)	(서로) 만나다
melt (down)	녹다
(mental) telepathy	(정신적인) 텔레파시
merge (together / into one)	(함께 / 하나로) 합병하다
meshed (together)	(함께) 맞물린
might (possibly or potentially)	아마도 가능할 것이다
minestrone (soup)	미네스트론 * 야채와 파스타를 넣은 이탈리아식 수프
mingle (together)	(함께) 섞다
(minute) detail	(대단히 상세한) 세부 사항
mix (together)	(함께) 섞다
(more) preferable	(좀 더) 선호하는
most (but not all)	(다 그런 것은 아니지만) 대부분
mull (over; over in your mind)	숙고하다
(mutual) cooperation / communication / consent / friendship	(상호) 협력 / 의사소통 / 합의 / 우정
(mutually) interdependent	(서로) 상호 의존적인
mutual respect (for each other)	(서로 간의) 상호 존중
(number-one) leader	(최고) 지도자

name (as)	(~로) 임명하다
nape (of her neck)	(그녀 목의) 뒤쪽
(native) habitat	(원산) 서식지
(natural) instinct	(자연적인) 본능
(necessary) prerequisite / requirement / requisite)	필수품
never (before / ever)	결코 ~ 않다
neither (one)	둘 다 아닌
(new) baby / beginning / construction / innovation / invention / recruit / record	(새로운) 아기 / 시작 / 건설 / 혁신 / 발명 / 채용 / 기록
none (at all)	아무도 아닌
noon(time)	정오 (시간)
nostalgia (for the past)	(과거에 대한) 향수
(now) pending / current	(현재) 미결의 / 현재의
off (of)	떨어진
(old) adage / cliché / custom / proverb / trench / maxim / saying / antique / relic	(오래된) 격언 / 상투적인 문구 / 관습 / 속담 / 참호 / 경구 / 속담 / 골동품 / 유물
open (up)	열다
(optional) necessary	필요한
(oral) conversation	(구두 상의) 대화
(orbiting) satellite	위성
(originally) created / began / discovered / established / founded / revealed / unveiled	창안했다 / 시작했다 / 발견했다 / 설립했다 / 창설했다 / 공개했다 / 공개했다
(other) alternative	(다른) 대안
output (out of)	(~로부터의) 산출

(outside) in the yard	(바깥) 뜰에
outside (of)	~밖의
(over)exaggerate	(지나치게) 과장하다
(overused) cliche	(너무 많이 사용된) 상투적인 문구
pack (together)	(함께) 꾸리다
(pair of) twins	(한 쌍의) 쌍둥이
pare (down)	벗기다
palm (of the hand)	손바닥
(passing) fad	(지나가는) 유행
(past) experience / history / memories / record / accomplishment / deed / performance / precedence	(과거) 경험 / 역사 / 기억 / 기록 / 성취 / 행위 / 업적 / 선행
penetrate (into)	(안으로) 침투하다
period (of time)	기간
(perfect) utopia	(완벽한) 이상향
(personal) friend / opinion	(개인적인) 친구 / 의견
(physically) located	위치한
plummet (down)	(아래로) 떨어지다
p.m. (in the afternoon / in the evening / at night)	오후
pick (and choose)	고르다 (그리고 선택하다)
PIN (number)	개인 비밀번호
pizza (pie)	피자 (파이)
plan (ahead)	(앞서) 계획하다
plan (in advance)	계획하다
plan (of action)	(행동) 계획

plan (out)	계획하다
(Please) RSVP	회답 주시기 바랍니다
plunge (down)	거꾸러지다
(polar) opposite	반대
(positive) identification / assurance	신원 확인 / 보장
(possible) candidate / prospect	후보자 / 전망
postpone (until later)	연기하다
(potential) candidate / prospect	후보자 / 전망
(potentially) may / might	~할 수도 있다
pouring (down)	폭우
(pre)board	탑승하다
predict (the future)	(미래를) 예언하다
(pre)heat	예열하다
(preliminary) draft	(예비) 초안
prepare (before / in advance)	준비하다
(pre)plan	(사전) 준비
(pre)record	(예전) 기록
(private) industry	(개별) 산업
(present) incumbent	(현재) 재임 중인
present (time)	현재 (시간)
(previous) history	(과거의) 역사
(previously) existing	(전에) 존재하는
(previously) listed	(이미) 명단에 있는
(prior) approval / blessing / consent	(사전) 승인 / 축복 / 합의
proceed (ahead / forward / on)	(앞으로) 나아가다
(proposed) plan	(제안된) 계획

protest (against)	대항하다
protrude (out)	돌출하다
(pure) unadulterated	완전한
pursue (after)	추구하다
(quickly) expedite	(빨리) 진척시키다
(quickly) flee	(빨리) 도망가다
radiate (out)	(밖으로) 내뿜다
raining (outside)	(밖에) 비가 오고 있는
raise (up)	(위로) 올리다
RAM (memory)	램 * Random Access Memory
raze (to the ground)	(바닥까지) 파괴하다
reason is (because / why)	이유는 ~때문이다
recall (back)	(다시) 회상하다
recoil (back)	(뒤로) 다시 감다
(recorded) history	(기록된) 역사
recur (again)	(다시) 재발하다
reduce (down)	(더욱) 줄이다
re-elect (for another term)	(한 기간) 다시 선출하다
refer (back)	(다시) 회부하다
reflect (back)	(뒤로) 돌이키다
(regular) routine	(규칙적인) 일상
reiterate (again)	(다시) 되풀이하다
relate (back)	(다시) 관계시키다

relic (of the past)	(과거의) 유물
(remaining / remnant) vestige	(남아있는) 자취
remand (back)	(다시) 방면하다, 구금하다
remit (back)	(다시) 송금하다
repay (back)	(다시) 상환하다
repeat (again)	(다시) 반복하다
reply / report / respond / return / revert (back)	(다시) 대답하다 / 보도하다 / 대답하다 / 돌아오다 / 되돌아가다
(residual) trace	(남은) 자취
retreat (back)	(뒤로) 후퇴하다
right(-hand) side	오른쪽
rise (up)	(위로) 오르다
(root) cause	(근본) 원인
(rough) sketch	(대략적인) 스케치
(routine) procedure	(일상적인) 절차
round (in shape)	(형태가) 둥근
(safe) haven	(안전한) 안식처
(safe) sanctuary	(안전한) 성역
same (exact / identical / precise)	같은
(sand) dune	모래 언덕
scrutinize (in detail)	(상세히) 정밀 조사하다
seek (out)	추구하다
separated (apart from each other)	(서로 떨어져) 분리된
(serious) danger / crisis	(심각한) 위험 / 위기

serve (up)	(식당 등에서 음식을) 제공하다; (음식을 상에) 차려 주다[내다]
share (together)	(함께) 공유하다
(sharp) point	(예리한) 점
shiny (in appearance)	(외모가) 빛나는
shut (down)	닫다
(single) unit	(한 개) 단위
(single) solitary	홀로 있는
sink (down)	(아래로) 가라앉다
(skilled) craftsman	(숙련된) 장인
skip (over)	건너뛰다
skirt (around)	(주위를) 회피하다
(slight) trace	(미세한) 자취
(small) trade	(작은) 거래
slow (speed)	느린 (속도)
small (size)	(크기가) 작은
(small) speck	작은 얼룩
snowing (outside)	(바깥에) 눈이 오는
soft (in texture) [or (to the touch)]	질감이 [또는(촉감이)] 부드러운
sole (of the foot)	발바닥
spell out (in detail)	간결하게 설명하다
spin (in circles)	(빙빙) 돌다
spliced (together)	(함께) 붙은, 이어진
spring (time)	봄철 (기간)
spur (on)	자극하다
stack (together)	쌓다, 채우다

start (off) or (out)	시작하다
starved / strangled (to death)	굶어 죽은 / 교살당한
(still) persist	(여전히) 지속하다
(still) remain	(여전히) 남아 있다
(sudden) impulse	(갑작스런) 충동
(sum) total	총계의
summer (time)	여름철 (시간)
surrounded (on all sides)	(모든 방향으로) 둘러싸인
(switchblade) knife	칼
switch (over)	바꾸다
tall (in height)	키가 큰
tall (in stature)	키가 큰
talk out (loud)	큰 소리로 말하다
(temporary) reprieve / stopgap	(일시적인) 집행유예 / 임시방편
(temper) tantrum	울화통, 짜증
ten (in number)	(숫자 상) 10, 열
tense (up)	경직되게 하다
three a.m. (in the morning)	오전 3시
(three-way) love triangle	삼각관계
time (period)	시간 (기간)
(tiny) bit / particle	(아주 작은) 입자
(total) destruction	(완전한) 파괴
total (up)	누계를 내다
(totally) devoted	(완전히) 헌신적인
(true) fact	(진정한) 사실

(truly) sincere	(참으로) 진실한
tuna (fish)	참치 (생선)
(twelve) noon or midnight	(12시) 정오
(two equal) halves	(두 개의 똑같은) 양분
(ultimate) goal / limit	(궁극적인) 목표 / 한계
undergraduate (student)	학부생
(underground) subway	지하철
(unexpected) emergency	(예기치 않은) 비상 상황
(unexpected) surprise	(예기치 않은) 놀람
unite (together)	(함께) 연합하다
(unintentional) mistake	(의도적이지 않은) 실수
(universal) panacea	(보편적인) 만병통치약
(unnamed) anonymous	(이름이 밝혀지지 않은) 익명의
UPC (code)	통일 상품 코드(universal product code)
(usual) custom	(일반적인) 관습, 풍습
vantage (point)	유리(한 위치)
vacillate (back and forth)	(앞뒤로) 흔들리다
(veiled) ambush	(숨겨진) 매복
(verbal) discussion	(언어적) 토론
(very) pregnant	(아주) 임신한
(very) unique	(매우) 독특한
(violent) explosion	(격렬한) 폭발
visible (to the eye)	(눈에) 보이는
(vital) necessity	(대단히 중요한) 필수품

volley (back and forth)	(앞뒤로) 맞받아치다
wait (around)	기다리다
(wall) mural	(벽의) 벽화
warn (in advance)	(미리) 경고하다
weather (conditions)	날씨 (상황)
weather (situation)	날씨 (상황)
weave (together)	(함께) 직물을 짜다
weld (together)	(함께) 용접하다
whether (or not)	~인지 (아닌지)
while (at the same time / simultaneously)	~하면서 (동시에)
(white) snow	(하얀) 눈
whittle (down)	깎아서 만들다
wink (an eye)	(눈을) 윙크하다
write (down)	적다
X-ray (photograph)	엑스레이 (사진)
(young) child	어린이
zoom (up)	확대하다

긴 단어 ➡	짧은 단어	뜻
access	get, reach	도달하다
accommodate	house, help, allow	수용하다
accommodation	home, house, room	거처, 숙소
accompany	escort, attend	동반하다
accomplish	do, achieve, perform, succeed	성취하다
accordingly	so	따라서
acquire	get, buy, win, gain, earn, pick up	획득하다
additionally and	also	또한
(an) additional more	added, other, extra, another	또 다른
adequate (number of)	enough	충분한
adjust, adjustment	change	조정(하다)
advise	tell	조언하다
afford	give	제공하다
alter, alteration	change	교체(하다)
alternative	other	다른
ameliorate	make better, improve	개선하다
analogous	similar	유사한
anticipate	expect	기대하다
append, attach	add	첨부하다, 더하다
apprise	tell, advise	알리다
appropriate	proper, right	적절한
approximately	roughly, around	대략
ascertain	check, discover	확인하다
assist; assistance	help, aid, back	지원(하다)
attain	reach, succeed	달성하다

attempt	try, take	시도
attired	dressed, clothed	복장의
augment	increase, make larger	늘리다
basically	delete or use mainly	기본적으로
biannually	twice a year	1년에 두 번
bimonthly, biweekly	every two months, every other month; every two weeks, every other week	두 달에 한 번, 격주의
category	group	범주
cease	end, stop, finish	멈추다
circumstances	reason, cause	상황
cognizant	aware, knowing	알고 있는
commence	begin, start	시작하다
commencement	beginning, start	시작
communicate	write, talk	의사소통하다
compensation	pay, payment	지불
complete	finish	끝내다
component	part	부분
comprise	consist of, contain	구성하다
conceal	hide	감추다
concept	idea	생각
concerning about	on	~에 관하여
consequence	result, outcome	결과
consequently so	thus	따라서
consolidate	combine, join	통합하다

constitute	make up, form	구성하다
construct	build, make	만들다
container	bottle, jar	그릇, 용기
cooperate	help	협력하다
currently	now	현재
customary	usual, routine	습관적인
deem	consider, think	여기다
demise	death	죽음
demonstrate	show, prove	보여 주다
denote	mean	나타내다
depart	leave, go	떠나다
designate	appoint, choose	지정하다
desire	need, want	욕구
desist	stop, suspend	그만두다
detain	hold	구금하다
determine	decide	결정하다
diminutive	small, tiny	아주 작은
disseminate	spread, scatter	퍼뜨리다
donate	give, grant	주다
duplicate	copy	복사하다
effectuate	achieve, realize, cause	유발하다
eliminate	cut, remove	제거하다
employ	use	사용하다
encounter	meet, face	직면하다

endeavor	try	노력
enumerate	count, number	세다
evince	show, reveal	보여 주다
expedite	hasten, hurry	신속하게 하다
expend	spend, use	사용하다
expenditure	expense, cost, spending	지출
expiration	end, close	종결
facilitate	help, ease	용이하게 하다
facility	building, factory	시설
factor	part, fact	요인
feasible	possible, probable, likely	실현 가능한
feedback	comment, response	피드백
finalize	finish, complete	끝내다
following	after	~이후에
formulate	devise, develop	고안하다
forward	send	전송하다
fundamental	basic	기본적인
furnish	give, provide	제공하다
hence	so, from now, from here	따라서
henceforth	from now on, from now	이제부터
hereafter	from now on or later	이후로
herein, herewith	here is(are), with this or in this	여기에
heretofore	up to now, earlier, before or until now	지금까지

i.e.	that is	다시 말하면
impact	affect, influence	영향
implement	achieve, do	시행하다
instrument	tool	도구
inception	beginning, birth	시작
incombustible	fireproof	불연성의
indicate	say, suggest	나타내다
indication	sign, signal	암시
individual	anyone, everyone, someone	개인
inform	tell	알리다
initiate	begin	시작하다
inquire (about)	ask	묻다
institute	begin, start	시작하다
interface	interact, meet	접속하다
locality	location, area	지역
materialize	develop, occur	나타나다
maximum	most, largest	최대의
methodology	methods, principles	방법
minuscule	tiny	아주 작은
mitigate	ease, soften	완화시키다
modify	change, vary	바꾸다
monies, moneys	money, cash	돈
moreover	besides, also	게다가, 또한
necessitate	require, need	필요로 하다

necessity	need	필요
nevertheless	but, however, yet	그럼에도 불구하고
notice	warning, advice, announce	알림
numerous	many, several	많은
objective	aim, goal	목표
obligated	bound, compelled	강요된
obligation	debt, duty	의무
observe	see, obey	보다
obtain	get, earn, gain	얻다
obviate	avoid	배제하다
ongoing	continuing, under way	진행 중인
operate	use, work, run	운영하다
operational	active, running, working	작동 중인
optimal	best, ideal	최적의
orientate	orient	지향하게 하다, 맞추다
overall	total	전체의
paradigm	pattern, example, model	양식
parameter	limit, boundary, guideline	한도
permit	let, allow	허용하다
peruse	review, study	검토하다
place	put	놓다, 두다
portion	part	부분
possess	have, own	소유하다
possibility	chance	기회
preplan; preplanning	plan; planning	계획(하다); 계획하기

present	give, show	주다
presently	shortly, soon	곧
preserve	keep	보존하다
preventative	preventive	예방적인
previous	earlier	앞서, 이전의
previously	before, earlier	이전에
principal	main, chief	주요한
prior	earlier	일찍이
prioritize	list, rank, rate	우선 순위를 매기다
proceed	go, go ahead	나아가다
procure	get, buy, gain	구하다
provide (with)	give	제공하다
purchase	buy	구매하다
receive	accept, get	수령하다
regard, regarding	about, on	~에 관하여
relate (to)	say, show, tell	~에 대해 이야기하다
remain	stay	남아 있다
remainder	rest	나머지
remove	take away, haul away	제거하다
remunerate	pay	지불하다
render	make, give	만들다, 제공하다
reoccur	recur	재발하다
represent	is	~이다
reproduce	copy	복사하다
request	ask, seek, question	요구하다

reside	live, stay, remain	거주하다
residences	homes, houses	거주지
retain	keep, hold, save	보유하다
secure	get	얻다, 확보하다
select	choose, pick	고르다, 선택하다
semiannually	twice a year	1년에 두 번
shall	will, must	~할 것이다, ~해야 할 것이다
solely	only	오직
state	say	말하다
strategize	plan	(빈틈없이) 계획하다
subsequently	later, afterward	차후의
subsequent (to)	later, after	차후의
substantiate	confirm, prove	입증하다
summon	call	소환하다
supplement	add to	더하다
terminate	end, stop	멈추다, 종결 짓다
therefore	so	그러므로, 따라서
thus	so	그러므로, 따라서
transmit	send, broadcast	보내다
transpire	happen, occur	일어나다, 발생하다
ultimate	last, final	마지막의
upon	on	~에 관하여
utilize	use	사용하다

use up	use	사용하다
virtually	almost	거의
vis-à-vis	about, compared with	맞대고

긴 어휘 ➡	짧은 어휘	뜻
action plan	strategy	계획
adequate number (of)	enough	충분한
adjacent to	close to, near	인접한, 가까운
advance notice	notice	사전 통보
advance planning	planning	사전 계획
advance preparation	preparation	사전 준비
advance warning	warning	사전 경고
afford an opportunity	allow, give, let	허용하다
ahead of schedule	early, soon	곧, 머지 않아
ahead of time	earlier	앞서
all of a sudden	suddenly	갑자기
all of (the)	all (the)	모든
almost all	most	대부분의
along the lines of	like, resembling	유사한
an estimated	about, almost, around	대략
arrive at (an agreement, a compromise, a conclusion, a decision, an estimate)	agree, compromise, conclude, decide, estimate	도달하다
as a consequence	as a result, then, thus, consequently	결과적으로, 따라서

as a consequence (result) of	since, owing to, due to, because of	~때문에
as a general rule	generally	일반적으로
as a means of	to	~의 수단으로(~를 위해)
as an example	for example	예를 들면
as long as	if, since	~하는 한
as many as	up to	무려
as of now	now	현재
as regards	about	~에 관하여
as to	on, about	~에 관하여
as well as	and also	~뿐만 아니라, ~도 또한
at all times	always	항상, 늘
at no cost	free	무상으로
at present	now, today	현재, 지금
at the moment	now	지금
attached herewith is	here's	여기에 ~이 있다
at the end of	after	~의 마지막에
at the time (when)	when	~의 때
be able to	can	할 수 있다
be desirous of	want	원하다
be in receipt of	have, receive	~를 받다
be in the possession of	have	소유하다
be of major importance	be important	중요하다
be sick and tired of	disgust	진절머리가 나다
because of the fact that	because, since	때문에

by (the) means of	by	~의 도움으로
by reason of	because, because of, since	~때문에
by the name of	named, called	~라는 이름의
by virtue of	by, because of	~때문에
call a halt(stop, end)	halt, stop, end	중단하다
come to an agreement	agree	합의하다
carry out an evaluation of	evaluate	평가하다
center around at	in, on	~에
come to an agreement	agree, resolve, settle	해결하다
come to an end	close, end, finish	끝내다
comply with	follow, obey	따르다
conduct an investigation	investigate, examine	조사하다
conduct a review of	review	검토하다
conduct experiments	experiment	실험하다
contiguous to	next to, adjoining	~옆에
course of	during, while, in, at	~동안에
deductive reasoning	deduction	추론
despite the fact that	although, even though, despite	~에도 불구하고
draw attention to	mention, tell, unveil	언급하다
due to the fact that	because, because of, since, for, as	~때문에
during such time	during, for	~동안에
effect many changes	change	바꾸다

employment opportunities	jobs	일자리
except when	unless	~하지 않으면
excessive number (of)	too many	너무 많은
extend an invitation	invite	초대하다
far and wide	widely	널리
foot pedal	pedal	페달
for all the intents and purposes	virtually	사실상
for the purpose of	to, for, of	~을 위해
for the reason that	because, since, for, given	~때문에
from the point of view of	from, for	~의 관점에서
get in touch with	contact	연락하다
give and take	compromise, concession	협상
give an indication of	show	보여 주다
give rise to	cause	유발하다
give consideration to	consider	고려하다
have(had) occasion to be	be(was / were)	~이다(이었다)
have no	lack	부족하다
have the ability to, have the capability	can	할 수 있다
have an effect on	affect, influence	영향을 미치다
hold a conference(meeting)	confer, meet	부여하다

if that (this) is not the case	if not	만약 ~이 아니면
if that (this) is the case	if so	만약 그렇다면
implement an investigation of	investigate, explore	조사하다, 탐색하다
in addition	also	또한
in addition to	besides, and, beyond, also	또한, 게다가
in advance of	ahead of, before	앞서, ~이전에
in an effort to	to	~하기 위해서
inasmuch as	because, since, as	~이므로
in back of	behind	~뒤에
in conjunction with	with	~와 함께
in connection with	with, about	~와 함께
in excess of	more than	~보다
in favor of	for	~을 위해서
in lieu of, for	instead of	~ 대신에
in most (many) cases	many, most, mostly	많은, 대부분
in order to	to, for	~하기 위해서
in (the) past (days, months, weeks, years)	before, earlier	~전에, 일찍이
in place of	for	~을 대신하여
in proximity to	close to, near	가까운, 근접한
in reference to about	on, for	~에 관하여
in regard to	on, for	~에 관하여
in respect of	about	~에 대한
in spite of	although	~에도 불구하고
in terms of	in, for, about, as	~의 관점에서
in the absence of	without	~없이

in the amount of	for, of	~에 대하여
in the case of	in, with	~의 경우에
in the context of	in, about, for, of	~의 맥락에서
in the course of	during	~동안에
in the event that (of)	if, should	~할 경우에는
in the nature of	like	~와 비슷한
in the neighborhood of	about, roughly	대략
in the (very) near future	soon, shortly, tomorrow	머지 않아
in the vicinity of	close to, around	가까운
in view of the fact	because, since, for	~때문에
it would appear that	apparently	외관 상으로
it is probable that	probably	아마도
join together	join	합류하다
joint agreement	agreement	합의
joint cooperation	cooperation	협력
judge as	judge	판단하다
keep in mind	remember	명심하다
large amounts of	enormous	수많은
limitation	limit	한계
limited number (of)	a couple, a few	약간의
linkage	link	연결
make a false statement	lie	거짓말하다

make an introduction of	introduce	소개하다
make a notification of	notify	통지하다
make a statement	say	말하다
make an application	apply	적용하다
make an examination of	examine	조사하다
make reference to	refer to	언급하다
make up one's mind	decide	결심하다
none at all	none	아무것도 아닌
not in a position to	unable to, cannot	할 수 없다
not many	few	거의 없는
not old enough	too young	너무 어린[젊은]
not possible	impossible	불가능한
not the same	different	다른
notwithstanding the fact that	although, but	비록 ~일지라도
null and void	invalid	무효의
occur again	recur	재발하다
on a daily basis	regularly	정기적으로
on behalf of	for	~을 대신해서
one of the	a, an, one	하나
on most occasions	usually	대개
on the basis of	by, from, because of	~을 기반으로
on the part of	by	~쪽의
out of the question	impossible	불가능한
outside of	outside	밖에

over the duration of	during, while	~동안에
partially	partly	부분적으로
per annum	a year, yearly	1년에
per diem	daily, daily allowance, a day	하루 단위의
perform an assessment of	assess	평가하다
prejudicial opinion	bias or prejudice	편견
preliminary draft	draft	초안
preplanned	planned	사전에 계획된
present time	present, now	현재, 지금
previous to, prior to	before	이전에
prior approval	approval 또는 consent	승인
provided (providing) that	if	~을 감안하면
pursuant to	under, by, following	~에 따른
rational reason	reason	이유
realize a savings of	save	절약하다
rectify	correct, change	고치다, 바꾸다
refer to	name, term	언급하다
regards to, as regards, with regard to	about, on, over	~에 관하여
reiterate	iterate, repeat	되풀이하다
relating to	about, on, over	~에 관하여
result in	lead to	이끌다, 가져오다
some of the	some	일부

spell out	explain, specify, describe, detail	자세히 설명하다
state with confidence	be confident	확신하다
submit an application for	apply for	적용하다
subsequent to	after, afterward, later	나중에
sufficient number (of)	enough	충분한
take action	act	행동하다
the question as to whether	on	~에 대하여
time frame, time period	time, period, age, era	시대
to a certain degree	partially, some	일부, 부분적으로
under the provisions of	under	~의 규정에 의거하여
until such time (point) as	until	~까지
use up	use	사용하다
with a view to	to, for	~에 관하여
with reference to	about, on	~에 관하여
with regard to	about, on	~에 관하여
with respect to	about, on	~에 관하여
with the exception of	except for	~를 제외하고

printed with permission from Garbl's Writing Center

[부록 3]

영작에 도움이 되는 웹사이트와 서적

■ 웹사이트

미국의 대부분 대학에서, 학생들의 writing skill을 높이기 위해, writing tips 사이트를 운영하고 있다. 구글에서 다음과 같은 키워드를 치면 쉽게 필요한 정보에 무료로 접근할 수 있다. 구글에서 알고 싶은 문법이나, writing skills의 키워드를 치면 아주 쉽게 접근할 수 있다. 예를 들면 writing concisely를 치면 많은 사이트가 나타난다. 저자의 경험에 의하면 Purdue, OWL(Online Writing Laboratory)만 알아도 대부분의 writing skill tool의 방법을 쉽게 알 수 있다.

구글에 가서, pronouns, types of sentences, sentence structure, quotation marks, commas, conciseness, clarity, paragraphs, language and word choice, story development, quotations, objectivity, fairness, accuracy, cliché, jargon, modifiers, verb tenses, double negatives, passive voice, squinting modifiers, misplaced dangling, how to make sentences clear and concise, writing concise sentence, weasel words, pretentious language, concept nouns, sexist language, cluttered words 등을 검색하면 원하는 정보를 쉽게 알 수 있다.

■ 서적

- 《영자신문을 읽는 10가지 공식》, 이창섭, 한나래출판사, 2011.
- *The Elements of Style* (4th edition), William Strunk & E. B. White, Longman, 1999.
- *The Dictionary of Concise Writing, More Than 10,000 Alternatives to Wordy Phrases* (2nd Edition), Robert Hartwell Fiske, Marion Street Press, Inc., 2002.

- *Editing Made Easy: Simple Rules for Effective Writing*, Bruce Kaplan, Upper Access, Inc., 2012.
- *On Writing Well*, William Zinsser, Harper Perennial, 2006.
- *Writing Tools: 50 Essential Strategies for Every Writer*, Roy Peter Clark, Little, Brown and Company, 2008.
- *Journalistic Writing: Building the Skills, Writing the Craft*, Robert M. Knight, Marion Street Press, 2010.
- *The Dimwit's Dictionary: More than 5,000 Overused Words and Phrases and Alternatives to Them* (2nd edition), Robert Hartwell Fiske, Marion Street Press, 2006.
- *Real College Essays that Work* (3rd edition), Edward B. Fiske & Bruce, Hammond, Sourcebooks, 2011.
- *The Chicago Manual of Style*, University of Chicago.
- *Associated Press Style Book*, Perseus Books.
- *Publication Manual of the American Psychological Association*, APA Books.